JN238000

頑固な羊の動かし方

1人でも部下を持ったら読む本

ケヴィン・レーマン
ウィリアム・ペンタック
川村透——訳

草思社

THE WAY OF THE SHEPHERD
by Dr. Kevin Leman and William Pentak
Originally published in the U.S.A. under the title:
The Way of the Shepherd
Copyright © 2004 by Kevin Leman and Bill Pentak
Grand Rapids, Michigan
Japanese translation rights arranged
with Zondervan, Grand Rapids, Michigan
through Tuttle-Mori Agency, Inc., Tokyo

プロローグ

偉大なCEOへのインタビュー

まだ駆け出しの新聞記者の私は、今週三つ目にもなる記念式典の取材からちょうどもどったところだった。ふと自分のデスクを見ると、「外出中に電話がありました」というピンクのメモが置いてあった。電話の主はジェネラル・テクノロジー（GT）社の社長秘書、クリスティーナ・ニッケルだった。本書の物語は、彼女が私の勤める新聞社、テキサス・スター社にくれた、この予想外の一本の電話からはじまる。

三週間ほど前、私は編集長をなんとか驚かせてやろうと、クリスティーナに電話をかけていた。その目的は、いまアメリカで最も尊敬されているビジネス界のリーダー、セオドア・マクブライド氏へのインタビューをとりつけることだった。彼は十七年間、GT社をリードしてきた人物であり、彼のCEO在任中、GT社はかつてないほどの成長を遂げた。

相手はそんな雲の上の存在だ。なので私は、当然断りの電話だろうと思い、期待せずに電話をかけなおした。運良く、クリスティーナが電話口に出た。

「ペンタックさん」と彼女は言った。「マクブライド氏が電話を欲しいとのことです」

「そうですか。あ、あの、インタビューの件ですが……」私は息を呑んで、答を待った。

「はい、OKのようですよ」

予想外の答に、私は言葉が出なかった。

インタビュー当日、私は場の雰囲気に慣れようと、世界にちらばるGT社の本社ビルに、少し早めに着いた。そして、まず二つのことに驚嘆させられた。一つは、そのダイナミックな雰囲気である。きっとこのビルで働く社員たちが醸《かも》し出すエネルギーのせいだろう。もう一つは、彼らの働いている姿だ。みな、誇りを持っているのがひしひしと感じられた。

また、ロビーやヘルスクラブ、休憩所から社員食堂まで、いたるところにスローガンが飾られていた。

『ジェネラル・テクノロジー社――人々こそ私たちの偉大な資産』

「こんな会社で働きたいなあ」

エレベーターで四十階まで上がる途中、そんな思いが頭をよぎった。

「だれも自分がただの組織の歯車だとは感じてないんだ。なんてすばらしい職場だろう！」

やがて四十階に着き、エレベーターを降りると、私はクリスティーナに案内されてセオドア・マクブライド氏の部屋の控え室に通された。

「ようこそ、ペンタックさん」と彼女は言った。「お待ちしておりました。マクブライド氏はいま電話で国際会議中で……。もうすぐ終わりますので、こちらで少しお待ちいただけますか」

「ええ、かまいません」

ここで私は、少し興味があったので、彼女に探りを入れてみた。

「マクブライド氏の下で、どのくらい働いていらっしゃるのですか？」

彼女は振り返ると、笑顔でこう言った。

「十四年です」

「そんなに長く勤めてらっしゃるなんて、きっと彼のために働くのが楽しいんですね？」

「ええ、マクブライド氏は、これまで仕《つか》えてきたなかで最高の上司です」

「それはすばらしい。なぜ、そう思うんですか?」

彼女が答えようとしたそのとき、デスク上の電話のコンソールの赤ランプが消えた。電話が終わったサインだ。

「終わったようですね。ご案内しましょう。さあこちらへ」

私を彼の部屋のドアまで案内しながら、彼女はさきほどの質問に答えてくれた。

「彼は私たちに全力を尽くすことをもとめ、私たちもそれに応えようとします。なぜなら、私たちがそうすれば、彼もそれに十分応えてくれるのを知ってるからです」

やがてドアの前に着き、彼女がその重たい扉をあけると、そこにはあの伝説の人、セオドア・マクブライドが立っていた。私の心臓は高鳴った。一見、彼はどこにでもいる普通の老紳士のようだった。彼が最初に口をひらいたので、私は少し驚いた。

「ようこそ、ペンタックスさん」

彼は両手でしっかりと私の手を握り、こう言った。

「私がテッド・マクブライドです」

突然私は、自分が九歳くらいの子どもになったような気がした。自分がここまで緊張するとは、思いも寄らなかった。

しかし、その場で何分か会話を交わすうち、この初老の男性はすっかり私をリラックスさせてくれた。彼はとても人を惹きつける能力があり、私の一言一言をしっかりと受け止めてくれた。私は、昨晩ずっと考えていたある質問をぶつけてみた。

「一つ教えていただけませんか。私は不思議でならないのですが……」

私が言い終える前に、彼がさえぎった。

「なぜ、私がインタビューを引き受けたのか、ということかね?」

「そうです」と私は言った。「そして、なぜまた、いま?」

「なぜなら、君はまだ若くて経験もなく、おごり高ぶったところもない。そして『なぜいまなのか』については、いまは知る必要はない。ただ、私には一つ理由があるということだけ知っていればいい」

彼は、ドキドキして小さくなっている私に気づき、こうつづけた。

「なに、そう緊張しなくてもいい。私は年に百もの、このようなインタビューの依頼を受ける。そのどれもが経験豊富な記者やジャーナリストたちからのインタビューだ。彼らはすでに答を知っている。彼らは夜な夜なニュースに飛びつき、独断的に、『マーケットはきっとこうなり、その理由はこうだ』と言う。しかし問題なのは、ある人はマーケットは確実に上がると言い切り、だがある人はきっと下がると、自信を持って言いはるということだ。私に取材にくる連中は、そんなやつらばかりだ」

彼は辟易《へきえき》したように肩を落とした。

「以前、私がストックオプションの一部を取り崩して現金化したところ、スクープばかりを探したがるある新聞社が、こう書きたてたことがある。『彼は会社の収益が落ちこむというインサイダー情報を握っていた』と。そしてその記者は、私が投資家たちに先駆けて株を売ったことを非難し、証券取引委員会の調査を受けるべきだと主張した。だれもがみな、このニュースに飛びついた。しかし実際には、会社の収益は落ちこまなかった。そう、私はただ、娘の結婚式の費用に少しの現金が必要なだけだったんだ。

ペンタック君、私が君を選んだ理由は、君ならきっとそんなふうには書かないだろうと思ったからだ。君の手紙には誠実さが感じられた。くわえて、君はまだ若く、何でも素直に吸収できる。すでに答を知っている人には、『人を動かす偉大な七つの知恵』を教えるつもりはない」

「人を動かす偉大な七つの知恵？」

私は口のなかでその言葉をくりかえしながら、もしかすると、このインタビューは自分が期待した以上のものになるかもしれないと感じはじめていた。

「そう。わがジェネラル・テクノロジー社が、この十年、アメリカで最も働きたい会社と言われているのも、べつに特別な秘密があるわけじゃない。ただここには、ほかの会社にはない、チームワークの精神があるだけだ。しかしそれは、決して偶然に生まれたものではない」

「それは、その七つの知恵のおかげだと？」

「もちろん。これは、何も五万人の大企業でなくとも、それを理解し、実践することさえできるなら、どんな場所でも生かすことができる。巨大な製薬会社のセールスマネジャーであろうと、小さなファストフードのフランチャイズ店のオーナーでも、教会の日曜学校の先生であってもだ。どんな組織でも、人は同じだ。その知恵を手にし、そのとおりに実行するだけでいい」

「いったい、どうやってそれを考えつかれたんですか？」私は少し前のめりになって質問した。

「私が考えたんじゃない」

彼はさりげなく答えると、椅子から立ち上がり、窓のほうへと歩いていった。

「それは、私がこれまで出会ったなかで、父をのぞいて、最も偉大な師から授けられたものだ。彼は、まだ私が君とそれほど年が変わらなかったころ、私にそれを教えてくれた」

彼は窓の外を見つめながら、じっとそこにたたずみ、そして静かに口をひらいた。

「それを今日、私は君に伝えようと思う」

私は用意してきた質問のリストを脇に置くと、まっさらのノートを取り出し、一ページ目をぱっとひらいた。

頑固な羊の動かし方

1人でも部下を持ったら読む本

目次

頑固な羊の動かし方

1人でも部下を持ったら読む本

第1章

自分の群れを知れ

一人ひとりに目を向ける

「当時、私はテキサス大学オースチン校のＭＢＡコースをほぼ終えようとしていた」とマクブライド氏は言った。「ようやく最後の学期に入り、なんとかＭＢＡコースを生き延びたと、私たちはみな浮かれた気分だった。なにしろ、短期間に膨《ぼう》大《だい》な量の知識を詰めこまれ、私たちはそれを『まるで消火栓から噴き出す水から、ちょっとだけ水をすするようなものだ』と冗談を言っていたほどだった。しかし、その反面、だれもが卒業後にちゃんと仕事にありつけるかどうかを心配していたので、みなキャンパスで行われるジョブ・インタビュー（企業の面接試験）を受けるのに大忙しだった。私もいくつかの面接を受けたが、幸運にも自分のいちばん入りたかった企業から内定をもらった。それがこのジェネラル・テクノロジー社だ。もちろん、私はとてもうれしかったが、同時にとても不安を覚えた」

「何が不安だったんですか？」私はたずねた。

「私は、財務部門のマネジャーとして採用されたのだが、そこでいきなり九人の部下を持つことになったんだ」

「すると、あなたはその仕事をこなす準備ができていなかったと？」

「答はイエスでもあり、ノーでもある。財務の仕事については、それほど不安だったわけじゃない。それより私が恐れていたのは、いきなり九人もの部下をまかされるという、そのことだった」

　マクブライド氏は、まるで遠くの何かを見つめるかのように振り返り、そしてゆっくりと首を左右に振った。

「……そう、あのときを思い出すと、思わず噴き出してしまうよ。私はずいぶん自信過剰なＭＢＡの学生だったが、ただ人をまとめるということになると、どうしていいのかさっぱりわからなかった」

「それで、どうされたんですか？」私は身を乗り出してたずねた。

「私はジャック・ニューマン教授をたずねた。彼は私たちのＭＢＡプログラムのクラスの一つを受け持っていた。私はＧＴ社から内定をもらった日、すぐに彼に報告したくてたまらなかった。と同時に、彼に助けをもとめたかったたんだ」

「すると、彼がその『七つの知恵』を教えてくれた、まさにその人だと？」

「そのとおり」

　そう言うと、マクブライド氏は椅子に腰かけ、そしてゆっくりとそのときのことを語りはじめた。それはまるで作り話のように聞こえた。しかし彼によると、このニューマン教授から学んだことこそが、ほかで学んだどの法則や研修よりも役に立ち、彼を偉大なリーダーに導いてくれたのだという。私はすっかりその話にひきこまれ、いま明らかにされるそのマネジメントの真髄を体全体で受け止めようとしていた。話は、一九五七年の四月十二日にさかのぼる……。

一九五七年四月十二日

ジェネラル・テクノロジー社から内定通知をもらった私は、一刻も早くそれをニューマン教授に知らせようと、大学のキャンパスのスピードウェイ通りを、経営学部のビルめざして一目散に駆け出し、三つのエスカレーターを駆け上がり、ニューマン教授のオフィスに飛びこんだ。

「ニューマン教授！　採用されたんです！　どこだと思います？　あの、ジェネラル・テクノロジー社ですよ」

「そいつはすばらしい！　おめでとう、テッド」

彼は私の腕をポンポンと叩きながら、祝いの言葉をかけてくれた。

「GTはすばらしい会社だ。君を誇りに思うよ。君ならきっとやってくれると思っていた。で、どの部門に採用されたのかね？」

「財務部門のマネジャーです」私は興奮して答えた。

「そうか。それは立派だ」とニューマン教授は言った。「これまでずっと夜遅くまで勉強してきた努力が、ようやく実を結ぶときがきたね。君はきっと会社にとって貴重な人材となるはずだ。君はわれわれのＭＢＡプログラムの誇らしき代表者だ。だいじょうぶ。きっとうまくやれるよ」

「ありがとうございます、そうだといいのですが」私は少しうなだれて答えた。

「教授、私は何とか単位をとり、面接をこなそうと必死だったので、本当に自分が働く準備ができているのかどうか、じつのところ少し不安なんです……」

ニューマン教授は、机ごしにそっと私を見た。

「テッド、何が心配なんだ？　うまく仕事がこなせないと思うのかい？　そんなことはないよ。授業の成績も、ほぼすべてＡだったじゃないか」

「教授、そうじゃないんです。私が恐れているのは、財務のことではなく……」

私は言葉につまった。私は、最も尊敬する人の前で、自分の弱みを見せるのが恥ずかしかった。

「でないとすると、いったい何だね？」

「……じつは、人のマネジメントについてなんです。私は入社早々、九人の部下をまかされることになります。これまで一人だって管理したこともないのに、いきなり九人をまとめるだなんて……。教授、恥ずかしながら正直に言うと、本当はさきが真っ暗なんです。いったい、どこからはじめていいのか……」

　私は、手をしばらくいじりながら迷ったものの、ついに意を決して言葉を発した。

「教授、私を助けていただけませんか？」

　突然、ぎこちない空気が部屋に流れた。私は、尊敬する恩師をがっかりさせてしまったなと感じていた。ジャック・ニューマン教授は、アメリカで最も著名なビジネススクールで教鞭《きょうべん》をとったこともある人だ。そんな人に向かって、無謀にもこんなことを口走ってしまうなんて。彼は起きている時間のうち、すでに十分の九は生徒たちに費やしており、少しの余裕があるはずもなかった。

　ニューマン教授は椅子に腰かけたまま、じっと私を見つめていた。それはまるで、私を秤《はかり》にかけているようだった。永遠にも感じられるほど長い時間が過ぎた後、ようやく彼は静かに口をひらいた。

「テッド、だれでもいまの君のように五月病で憂鬱《ゆううつ》になるものだよ。しかし、君にそんな時間があるだろうか……。君には財務戦略のクラスのレポートの締め切りが迫っているし、また単位がかかった商法の期末試験も控えているはずだ」

「…………」

「君がそれを知りたいというのなら、その方法を教えることはできるよ。しかしそのために、いままでどおりの勉強量をこなしながらも、今週から卒業するまで、土曜日をそのために空ける覚悟はあるかね？」

さて、今度は私が彼を見つめかえす番だ。彼は正しかった。きっと私は春の陽気に誘われて、五月病にかかっていたのだ。そうだ、いまはとにかく授業に集中し、卒業することだけを考えればいい……。

するとニューマン教授が私の考えをさえぎった。

「テッド、私は土曜日を君のために使うことはかまわないが、素直に何でも学ぼうという心構えがない者に教えるつもりはない。私も時間と労力を無駄にしたくはないからね。まあ、今晩よく考えて、どうするかを連絡してくれたまえ」

その晩、私は家にもどり、あれこれよく考えた。きっと、ジェネラル・テクノロジー社が私を教育してくれるだろう。しかしニューマン教授は、教科書のことしか知らない堅物《かたぶつ》の大学教授ではない。実際、彼が六度も「プロフェッサー・オブ・ザ・イヤー」に選ばれているのも、現実のビジネス社会での経験があるからだ。また、彼はいまでも自分でコンサルティング会社を切り盛りしているのだ。

それ以上、迷うことはなかった。「僕は気がちがっているのかもしれない……」そうひとりでつぶやきながら、私はニューマン教授の番号を押した。私の気が変わって電話を切ろうとするより早く、彼が電話に出た。

「もしもし」

「ニューマン教授……」

「おお、テッドか。どうだ、決めたか？」

「はい、お願いすることにしました」

「よろしい」彼は答えた。「では、経営学部のビルに面した、スピードウェイ通りとインナーキャンパス通りの交差点に、明日八時だ。車で君を迎えにいくよ。おお、そうだ、忘れていた。汚れてもいいように、ジーンズをはいてくるように。じゃ」

電話を切った後、私の頭は疑問でいっぱいになった。

「いったい何がはじまろうっていうんだ。ジーンズだって？」

そして土曜の朝。私はキツネにつままれた思いで、指定された場所に立っていた、「いったい、自分は何をしているんだろう……」ととまどいながら。

突然、古い、色の剝《は》げ落ちたオンボロのピックアップトラックがコーナーを曲がり、私の目の前できしむ音を立てて止まった。助手席側のドアがさっとひらいたので、運転席をのぞくと、なんとそこには、Tシャツに色あせたジーンズ、そして足にはカウボーイブーツをはいたニューマン教授が座っていた。スーツにネクタイ以外の姿の彼を見たのははじめてだった。

驚きもさめやらぬうち、気づくと私たちのピックアップは、キーキーと音を立てながら道を弾んで、町はずれの丘の上にある、彼の所有する牧場へと向かっていた。ピックアップはやがて本道を離れ、いよいよ牧場の入り口へと曲がりくねった道を進んでいく。その牧場の広大さと美しさに私は心を奪われた。「自分もコンサルティング・ビジネスをすればこんな牧場が持てるかもしれない」と一瞬思ってしまったほどだ。

牧場の小屋へと向かう道のなかほどで、ピックアップは脇道に入った。すると前方右手の先、八百メートルくらい行ったあたりに、絵のように美しい大きな池があり、そしてその向こうには古い大きな樫《かし》の木の列が並んでいる。大きな枝は扇形に広がり、その影を後ろの牧草地に落としている。そして、その木の陰のところに、小さな羊の群れがいるのが目に留まった。ニューマン教授は道の脇にピツクアップを止め、エンジンを切った。

「さあ、着いたぞ」

彼はニヤッと笑ってそう言った。

「どれ、羊たちの様子を見なきゃいかん」

私は車の窓ごしに羊を見た。

「羊の様子を……?」

「そうだ。いつも朝いちばんに羊の群れの様子を見るんだが、君もその様子を見たいかと思ってね……」

冗談じゃない、と私は内心思ったが、「そうですね」と答えた。私は、自分の目がくるくるまわるのを見られないよう顔を背けた。私は日々の勉強で疲れ果てていた。「こんな無駄な寄り道をするくらいなら、あと数分ベッドにもぐっていたかった……。羊なんて、教授ひとりで見ればいいんだ。だけどまあ、そう長くはからないか。すぐにレクチャーをはじめてくれるさ」——私はそう自分に言い聞かせた。

「いったい、だれが思うでしょうね」車のドアノブに手をかけながら私は言った。

「トップ・ビジネススクールの教授でもありコンサルタントでもある人が、こんな田舎で羊の面倒を見てるなんて……」

ニューマン教授はピックアップを降りながら笑ってこう答えた。

「こら、私の秘密をばらすんじゃないぞ。私は羊が大好きなんだ。羊といると、昔のことを思い出す……」

「へえ、羊が……」

「私はワイオミング州で育ち、父は大きな羊牧場を営んでいた」彼はつづけた。「昔は夏休みのあいだ、牧場で羊の面倒を見ていたんだが、それはとても貴重な体験だった」

土曜の朝の、貴重な睡眠時間を無駄にしたという後悔の念とは裏腹に、私のなかに強い好奇心が芽生えてきた。ニューマン教授がゲートへ向かって歩きだすと、羊たちはみな起き上がり、ゆっくりと彼の元へと向かいはじめた。どれもみな、大きな、よく肥えた羊だ。彼が牧草地に入ると、羊たちはいっせいに鳴きだした。

「羊たちは教授に会えて、さぞうれしいんでしょうね」と私は言った。

「おたがいさまだ。私もうれしいよ。彼らは少なくとも日に二回は私か、ほかの牧場労働者を目にする。この広い牧場で、どこに行っても彼らはわれわれの後をついてくるんだ」

彼は、羊たちのうちの一匹の頭をなでながらそう言った。

「ほら、君もさわってみたらどうだ。やさしくすれば噛んだりはしないよ」

「そうですか？　どれどれ」

そう言いながら私は囲いを越えた。何匹かの羊は一瞬身構えたが、私が何も危害を加えない人物だとわかると、やがて私のまわりを取り囲んだ。

「ウッ。こいつら、においますね」私は顔をしかめてそう叫んだ。

ニューマン教授は笑った。

「テッド、私にとってはチューリップ畑をウキウキ歩くようなものさ。君は何か？　いい香りがするとでも思ったのかい？　どれ、少し手伝ってくれないか。彼らの数を数えなきゃいかんのでな」

私はざっとあたりを見まわして答えた。

「そうですね、四十二匹いますね。やつら、動いてるから正確に数えるのは難しいですけど」

「OKだ」ニューマン教授が言った。「私も四十二匹数えたよ。それがここにいるべき数だ」

「それはよかった。教授、そろそろ羊遊びは終わりですか？」

「いや、まだ終わりじゃない」

そう言うとニューマン教授は、今度は牧草地の羊たちを、頭のてっぺんから足の先まで念入りに一匹ずつ観察しはじめた。教授が、寄生虫や、かさぶたや、病気の兆候がないかどうかまでチェックしはじめたとき、私は朝食を抜いてきてよかったと思った。

つぎに教授は、羊たちの蹄《ひづめ》が割れたり、黴菌《ばいきん》に感染したりしていないかをチェックした。

「うん、とくに問題はなさそうだ」彼は安心してそう言った。「だが、あと二カ月やそこらで、病気にかかりやすくなるんだ」

「夏の暑さが彼らを弱らせるんですか？」私はたずねた。

「そう、それとハエがな」

「ハエ？」私はくりかえしたものの、あまり答を聞きたくはなかった。

「そうだ、夏のあいだ、そいつらはやってくる。メクラアブ、ウマバエ、ダニ、ブヨ、蚊などだ。最悪なのは鼻にたかるハエだ」

「鼻にたかるハエ？」

「彼らは羊の鼻の穴に入りこんで細胞膜に卵を産むんだ」教授は説明した。「そこから孵化《ふか》したハエは曲がりくねった鼻腔《びこう》をつたって脳にたどりつき、そこに住みついてしまう。それが炎症を起こし、羊は気が狂ったようになる。いまがもし夏だったら、その手の虫から羊たちを守るために殺虫剤で消毒しなくてはならん」

「それは聞いておいてよかったです」

私は皮肉たっぷりにそう言った。彼のハエについての講釈を聞き、思わず吐きそうにさえなってしまった。

「ニューマン教授、そろそろ準備はできましたか?」

「あと少しだ。ちょっとフェンスと池を見てこなくてはならん。そう時間はかからないよ」

つぎの十五分間、私は教授が、池の水が飲めるかどうか確かめたり、周囲のフェンスをチェックしたりするのを見ていた。途中、彼は何かの動物がフェンスの下に掘った穴を、ブーツのかかとで土を掘りかえして埋めていた。また、牧草地に毒のある草が生えていないかもチェックしていた。

ようやく、彼が口をひらいた。

「よし、小屋にもどろう。遅くなったが、私が朝食を用意しよう」

五十五分後、教授のつくってくれた朝食を食べ、濃いコーヒーを二杯飲んだ後、私たちはテーブルを片づけた。まだ少しあたたかい黒い小鍋をふきながら、ニューマン教授は私を見つめ、こうたずねた。

「どれ、準備はできたかな?」

「さっきからできていますよ」と私は答えた。「さあ、さっそく本題に入りましょう」

「よし、じゃあ帰ろう。学校まで送るから」

私は唖然《あぜん》とした。そしていままで我慢していた思いがついに爆発した。

「何ですって? 送るだなんて、どういうことですか? 人を管理する方法を教わるためにせっかくの土曜をつぶしてきたのに、ここでやったのは、くさい羊のまわりをただほっつき歩いただけじゃないですか。いつになったら、ちゃんとしたレクチャーをしてくれるんです?」

ニューマン教授は鍋から目を上げずに、静かにこう言った。

「すでにレクチャーは終わった。それに彼らは、ただのくさい羊の群れなんかじゃない」

「どういうことですか、もう終わったとは?」私はわけがわからずにたずねた。

「私は、何か見落としているのでしょうか?」

ニューマン教授は鍋をそっと置くと、テーブルの向かいに座った。

「君は今朝すでに、人を管理するための最初のレッスンを受けたんだ」そしてこうつけくわえた。「そして君はそれに気づかなかった。だが、そうして気づかないのは君だけじゃない。よくあることだ」

私のなかでは、自分の時間を無駄にしてしまったことと、それを学ぶために来たのに、それを見過ごしてしまったことの二つが交錯《こうさく》して、しだいにいらいらが大きくなってきた。

「いったい、いつそのレッスンがあったんですか？」と私は途方に暮れてたずねた。「もしかして、あの牧場で？」

「そのとおり」

私はぽかんとした顔でニューマン教授を見つめた。

「いいかね、君はジェネラル・テクノロジー社に入るやいなや、すぐに九人の部下をまかされる。そこで成功するリーダーになるには、羊飼いが羊と接するように彼らに接しなくてはならない。テッド、君のファイナンスの知識はすばらしいし、仕事をするにはまずはその知識が不可欠だ。しかし、本当に成功したいなら、それ以上に大切なことがある。会社は、九人の部下をきちんと管理できなければ、それ以上の大きな部署へ君を昇進させることはないだろう。すなわち、もし君が偉大なリーダーになりたいなら、羊飼いの知恵をマスターしなくてはならないのだ」

「羊飼いの知恵？」私はおそるおそるたずねた。

「そう」とニューマン教授は言った。「私はワイオミング州にあった父の牧場で育ったと言っただろう。そしてそこで、偉大なレッスンを学んだと」

「ええ、覚えています。それが？」

「私は若いころ、父の農場から早いところ離れて都会に出たかった。大都市へ行き、ビジネスの世界で成功したかった。最初の授業で、私がどうやってビジネスの世界から転身して教授になったか話したのは覚えているかね」

「はい」

「私は、順調にキャリアを積んできた。最初は君のように、小人数をまかされるマネジャーの地位からスタートした。そして最後に会社を離れるときには、その副社長にまで上りつめていた」

「ええ、そうでした」

「最初に働きだしたころ、私は、自分が人里はなれた田舎の牧場で、羊の群れに囲まれていた時代を、無駄な時間を過ごしてきたと思っていた。しかし実際には、そこで人をまとめ、リードするのにとても貴重なレッスンを学んでいたんだ。さらに重要なのは、私は、彼らが自らついていきたいと思うように、彼らをリードする方法を身につけていた、ということだ」

「教授、それは本当ですか？」私は少し興奮して言った。「本当にそんな方法があるんですか？」

ニューマン教授は私をまっすぐ見つめて言った。

「もちろんだとも。テッド、私は人を導く方法を学んだのだ。もし君が成功したかったら、君もその方法を身につける必要がある」

「それがさきほどの……」

「そう。羊飼いの七つの知恵だ。これをマスターすれば、君はとても優れたリーダーになれる」

「それはすばらしい。で、その一つ目というのは？」

「それはさっき、君が見逃したもののことを言ってるのかな？」

「教授、お願いです、もったいぶるのもほどほどにしてください。少しは助け舟を出してくださってもいいのでは？　私が土曜の朝早く起きることに慣れてないのはご存じですよね？」

教授は茶目っ気たっぷりの笑みを顔に浮かべた。彼はテーブルから立ち上がり、キッチンのほうへ歩いていった。私がさらに反論をつづけるより早く、彼はコーヒーポットを手にもどると、私たちのカップにコーヒーを注ぎ、そしてノートを取り出すよう、私に言った。そして彼は椅子に座ると、コーヒーを一口すすり、テーブルごしにぐっと力をこめて私を見つめた。そして彼は、ようやくカップを置き、前のめりになると、低い声でこうささやいた。

「テッド、羊飼いの知恵の最初の一つ目は、『自分の群れを知れ』というものだ」

私は夢中でノートを取りはじめた。

「どんなに優れたマネジャーも、相手を知らなくては、それを管理することはできない」彼はつづけた。「つまり、彼らにまかせた仕事のことだけでなく、彼ら自身の状態をつねに知っておかなくてはいけない。多くのマネジャーは、自分のプロジェクトのことで頭がいっぱいで、部下一人ひとりのことまでは注意を払っていない。彼らはちょうど今朝、君が羊の群れの前でやったのと同じことをしてしまう。つまり彼らは、部下たちと一緒にいるようで、じつは一緒にいない。仕事のことで頭がいっぱいで、一人ひとりをしっかりと見ていないんだ」

「でも、仕事をこなすことがいちばん大事なのでは?」と私は言った。

「たしかに。だが、その仕事をするのは彼らだ。君の部下こそが、君の最も強力な手足なんだ。このことについては、だれもがそのとおりだと言う。しかし、本当に心の底からそう信じている者は少ない」

「おっしゃることはわかります」私は口をはさんだ。「前に、口うるさいばかりで、何もフォローしてくれない上司を持ったことがあります。何かうまくいかないことが起きると、それを私たちに押しつけ、そしてくるっと向きを変えて、『とにかくうまくやれ』と言うだけなんです。そしてもしうまくいっても、なにも褒《ほ》めてくれたりしない。まったくやりきれない思いでした」

「テッド」とニューマン教授は言った。「だからこそ、羊飼いの知恵の一つ目は、『自分の群れを知れ』なんだ」

「でも、いったいどうやって?」

「今朝、群れの様子を見たときのことを覚えているかね?　羊たちを一匹ずつチェックしたはずだ。ジェネラル・テクノロジー社で君のもとにつく九人の部下たちは、一つのグループだが、人はだれでも、自分を一個人として扱ってほしいものだ。みな、人格のないモノのように扱われるのにはうんざりしているはずだ。

君の部下になる人たちは、みな一社員としてではなく、一個人として扱われたいと思っているんだよ」

「それはすばらしい考えだと思います」私は言った。「でも、具体的にどうすればば?」

「まず、君の部下たち一人ひとりに、個人的な興味を持つことだ。君は、彼らの持っている能力や興味をよく知る必要がある。彼らの目標や夢、何が彼らを動機づけるのか、キャリアのゴールは何か、そして抱えている問題は何かなどを知らなくてはならない。つまり彼らにとって、いま、何がいちばんの関心事なのかを、つねに把握《はあく》しておかなくてはならない」

「でも、どうやってそれをつかめばいいのでしょうか?」

「それは、彼らに積極的にかかわることだ」ニューマン教授は答えた。「今朝、私か牧場労働者のいずれかが、少なくとも日に二度は羊の群れを見まわっていると言ったのを覚えているだろう。君がジェネラル・テクノロジー社に入ったら、それと同じことをすればいい。自分から彼らのなかに飛びこみ、彼らとまじわることだ。目の前の相手に集中し、たくさん質問をすることだ。そして、その後フォローすることも忘れてはいけない。もしある部下が、子どもを医者に連れていき

つねに部下一人ひとりの状態を把握しておくこと

たいと申し出たら、つぎに会ったときには、子どもの具合を気にしてやるんだ。できるかぎり、部下たちの人生で何が起きているのか把握しておかなくてはいけない。これは一見簡単に聞こえるかもしれないが、ある心がけがなければ、とても難しいことだ」

「そのある心がけとは？」

「部下たちを心からケアするということだ。うわべだけそうした素振りを見せることはだれにでもできるだろう。しかし、本当に心から相手を思う気持ちがなければ、部下たちが進んで動いてくれるような真のリーダーにはなれない。もし君が、彼らをただのくさい羊としてしか見なければ、彼らが君のために全力を尽くすことはないだろうし、君の群れに長くとどまることもないだろう。古い格言にもあるように、『人はどれだけ気にしてもらっているかに気づくまでは、こちらの気持ちなど知る由もない』。だから、本当に自分の気持ちが相手に伝わるように接することが大事だ。いずれにせよ……」ニューマン教授は話をまとめにかかった。「まあ、今日はこれで十分だろう。君もしなきゃならん宿題が山ほどたまっているだろうからな。さあ、キャンパスまでもどろう」

大学までの帰り道、私は車内でほとんど口をひらかなかった。ニューマン教授は、たくさんの考えるきっかけを与えてくれた。私はノートを広げ、さっき走り書きをしたメモを読み返していた。

羊飼いの知恵 その❶
自分の群れを知れ —— 一人ひとりに目を向ける
- つねに相手と積極的にまじわる
- 人として敬意をもって、一人ひとりに接する
- 各個人のモチベーションを知っておく
- 部下の人生で何が起きているかを知り、忘れずにフォローする

ふと気づくと、車はすでに学校の前に着いていた。私はそこで車を降りた。彼の車を見送りながら、私は、このレッスンは自分が望んでいた以上のものになるかもしれないと思いはじめていた。

第2章

羊たちの強みをつかむ

それぞれの個性を引き出す

つぎの土曜の朝、私はヒルカントリーにある家畜の競売場まで車を走らせていた。テストの準備やレポートに追われ、忙しさのあまり、すっかり先週の土曜日のできごとを忘れそうになっていた。なので、そこへ向かう途中、眠気を覚まそうと頭を振りながら、先週、ニューマン教授が教えてくれたことを思い出そうとしていた。たしか、

「つねに自分の群れの様子を知ること」

「そしてそのためには、一人ずつに接すること」

「彼らとまじわり、かならずフォローすること」

などだったか……。

やがて競売場に着き、駐車場に車を寄せると、教授はすでにそこで私を待っていた。私は自分の車をピックアップトラックが並んで止まっている列に止め、ほとんど彼と同時に車から飛び降りた。

「おはようございます」

「おはよう、テッド。おや、君はブーツを持ってないのかい?」彼は私の新しいローファーを見てたずねた。

「この靴のどこが悪いんです?」私はむすっとして答えた。

「いや、ほんのあいさつだよ。まあそう気を悪くしなさんな」

そうして深く息をひとつ吸ったとたん、これまで嗅《か》いだことのないような悪臭に襲われた。向こうのトラクター置き場あたりの肥だめから来る、腐りかけた干し草や家畜の糞や動物の悪臭が混ざった、鼻にツンとくるにおいだ。

(羊のにおいの話を蒸し返す必要はないからな)

私は、教授がこの件についてては少しセンシティブだったのを思い出し、そう自らに言い聞かせた。しかし、私の鼻はきっとひんまがり、本心を隠しておくことができなかったのだろう。教授は私を見て、にやりとしながらこう言った。

「どうだね、テッド。田舎の新鮮な空気を満喫しているようだが？」

「うっ」私は我慢できず、思わずにおいに反応してしまった。「いや、こんなのより都会のスモッグのほうがいいです」

ニューマン教授は大声で笑った。

「だいじょうぶ、死にゃあせん。さあ、こっちへ来たまえ。ちょっと見せたいものがあるんだ」

足早に競売の会場へ向かう教授になんとかついていこうとしたのだが、どうしても二、三歩遅れてしまう。なぜなら、足元はまぎれもない糞の地雷原だったからだ。それもあらゆる大きさ、形、そして色がある。私は、これら糞の山のあいだを飛び跳ね、何とか彼に追いつこうとしながら、さっきの「この靴のどこが悪い？」という質問のバカさかげんを思わずにはいられなかった。

　やがて競売場の小屋に入ると、私たちは中央にある家畜用の柵をぐるりと囲んだ階段状のシートを見まわし、座る席を探して腰をおろした。そのちょうど向かいには、競売人やアシスタントたちが陣取る一段上がった席が用意されていた。小屋は、羊を競《せ》り落とそうとするステットソン地区の牧場主であふれていた。下のほうには三人のアシスタントたちが、入札の手が上がるのを確かめようと彼らの前に立っていた。呪文のようにつづく競売人の単調な声が、ときおり上がる入札者の手によってさえぎられる。それを見つけるやいなや、アシスタントの一人がその入札者を指さし、もう一方の手を天高く上げて叫ぶのだ。「入札あり！」

　私たちは後ろのほうに立ち、一匹ずつ順々に中央の柵に入れられては落札される一連の流れを観察していた。教授が私のほうに身を乗り出し、耳元でこうささやいた。

「ここがすべてのはじまりだ。ここで牧場主たちは羊を選び、自分の群れをつくっているんだ」

私は、そのことに思いをめぐらそうとした。が、「入札あり！」というアシスタントの慌《あわ》てた大声に、それはかき消されてしまった。

「なるほど」と私は言った。「それほど難しいことじゃなさそうですね。自分が気に入った羊がいたら、手を挙げ、そして値をつける。なんてことはない」

そのとき、競売人が木のハンマーを机に叩きつけて叫んだ。

「落札！」

ニューマン教授はさらに私に身を寄せた。

「ほら、よく見たまえ。落札が成立した後、ほとんどの牧場主はポケットからメモを取り出し、線を引いてから、またポケットにもどしている」教授はつづけた。「入札自体は簡単だ。羊飼いたちは、このオークション会場に来る前にすでに下調べを済ませ、自分が欲しい群れのなかの一匹が目の前に現れるのを待ってるんだ。つまり、競り落とすべき羊はすでに頭にあるんだよ」

「どういうことですか？」私は聞き返した。

「さあ、ついてきなさい。落札した羊をしばらく置いておく囲いを見に行こう」

そう言うと、ニューマン教授はあっというまに席を立ち、慣れた様子で足早に歩きだした。私はローファーの汚れを気にしながらも、必死で彼の後を追った。

やがて羊の囲いのうちの一つの横に立つと、ニューマン教授は私を振り返り、こう言った。

「さて。仮に君が、さっき落札会場にいた牧場主の一人だったとしよう。君ならどの羊を入札するかね？」

「そうですね、あの羊はとても良さそうに見えますが」しかし実際はどの羊も同じように見え、区別などつけようがなかった。

「そいつはあまり良くないな」彼は自信を持ってそう言った。

「どうしてですか？」私はたずねた。「どれもみな、同じようにしか見えませんよ。いったいどこがちがうんです？」

「ほら、もっと近くで見たまえ」ニューマン教授は言った。「注意深く見るんだ」

彼はひざまずき、そして私が選んだ羊の問題点を挙げはじめた。

「羊の背中は、まっすぐでなくてはダメだ。そして引き締まりまっすぐに伸びた脚、すっきりとした肩、またあばらの胸郭《きょうかく》から胸にかけてのゆったりとした幅も大事だ」

「どうしてそんなことが大事なんです？」疑問を覚えて、私はたずねた。

「羊飼いがどの羊を選ぶかで、その群れの管理のしやすさが決まる。だから群れには健康で、毛をたくさん育《はぐく》む羊を選ばなくてはいけない。もし病気を持った羊や協調性のない羊を選んだら、後で問題を抱えることになる」

私はしばらく考え、こう言った。

「まるでフットボールチームのドラフトみたいですね。みな、良いプレイヤーを配置したほうがゲームに勝てるのを知っているから、どのチームも良い選手を獲得しようとやっきになる」

「そう。それはとてもいいたとえだな」

「では、ジェネラル・テクノロジー社で、健全で生産的なチームをつくるには、どんなことに気をつけたらいいのでしょうか？」

「それは良い質問だ。テッド、君もようやく自分で考えはじめたようだな」とニューマン教授は言った。「私がかつてマネジャーだったころ、人を採用するときには、その人物が、会社およびその役職にふさわしいかどうかを何度も考えたものだ。また、すでにいる社員に対しても、その役割や仕事が本人にマッチしているかどうか、つねに考えつづけていた」

「でも、それはいったいどうすればわかるんですか？」

ニューマン教授はほほえんだ。

「どの羊にもそれぞれの形や性質があるように、人にもそれぞれちがいがある。だから私は、彼らがつねに望ましい状態にあるかどうかを確かめていたんだ」

私はその意味をつかめるかどうか、しばらく考えてみた。しかし、自分ではその答が出せなかった。私はついに口をひらいた。

「教授、『望ましい状態にあるかどうかを確かめる』とは、どういうことですか? いまひとつよくわからないのですが」

ニューマン教授はフェンスの上に体をずりあげるようにして座り、ポケットから紙を一枚取り出すと、私も横に座るようにうながした。そして、彼は紙の左端に「ＳＨＡＰＥ」と書いた。

「これは、私が人を活かすときに間違いがないよう、いつも気をつけているポイントだ」

Ｓ＝強み・長所（STRENGTH）

「まず、彼らがその仕事にもとめられるスキルを持っているかどうかを確認することだ。それは仕事をしながら身につくこともあるだろうが、すぐに必要なこともある。それはその役職しだいだ。人を配置するときに大事なことは、その人に不得手なことをさせるのではなく、得意な能力を発揮できる場を提供することだ。それゆえ最初のステップは、自分のチームの個々のメンバーの強みを知るということだ」

H＝心（HEART）

「人の長所は自らの能力となって表れ、思いはやる気となって表れる」ニューマン教授は説明した。「いま、優秀で才能もある人がやる気を失っているのは、どこの会社でも見られる光景だ。どれだけ得意な分野の仕事でも、本人が自分でその強みを生かそうとしなければまったく意味がない。だから、何がその人を動かすのか、そのことを知っておく必要がある。もしやる気を生かせる仕事を与えられたら、彼らは、給料のためでなく、自ら進んで仕事に取り組むだろう。これは大きなちがいを生む」

A＝仕事に対する姿勢（ATTITUDE）

「この重要性は、とても言葉で言い尽くすことはできないほどだ。だれもがみな、前向きで意欲に満ちた人を雇いたいはずだ。もし私の目の前に、才能があってもマイナス思考の人と、才能はそれほどなくても仕事への姿勢が前向きな人が現れたら、私は迷わずに後者を選ぶ」

「どうしてですか?」私はたずねた。

「まず、仕事に前向きに取り組む人は往々にしてチームプレイヤーだ。そして彼らには人から教わろうという気持ちが備わっていることが多い。かたや、才能があってもマイナス思考の人は、協調性がないことが多い。そんな相手には、ものを教えることすら難しい」

「そりゃ理想的には、才能よりも仕事への姿勢を優先されるのは理解できますよ」私は言葉を返した。「しかし、もし仕事への姿勢が悪くても、その人がつねにいちばんの結果を出していたら、どうすればいいんです?」

ニューマン教授は一瞬、黙った。

「テッド、そんなときは、そいつを切り捨てることだ」

「でも、トッププレイヤーを切り捨てたら」私はつづけた。「自分のチームの業績が落ちてしまいます。それよりも、その人に前向きな姿勢を持ってもらうよう育てたほうがいいのでは?」

「いや、それはちがう。なぜなら、マイナス思考の人間には、何かを学ぼうとする姿勢がない。短期的にはその人を切り捨てることでリスクを負うかもしれないが、長い目で見ればそれはかならず良い結果につながる」

ニューマン教授は深く息をつき、そしてこうつづけた。

「また、覚えておかねばならないのは、そうした人物が周囲に与える影響だ。マイナス思考の人間を放っておくと、やがて周囲にもその悪い空気が広がる。私は、ある一人の人物が持っていたマイナス思考が、ガン細胞のようにオフィス全体に広がってしまったのを見たことがある。その代償は大きいんだ」

「たしかに、そのとおりかもしれません」私は同意した。「以前、私はある銀行で働いていたことがあるんです。入社してはじめのうちは、私はうれしくてワクワクしていました。ところがそこに、ことあるごとに難癖《なんくせ》をつける人がいました。彼は経営層がおかした過ちを指摘しつづけ、やがて私は早くそこを辞めたいと思うようになりました。その銀行に就職したことは間違いだったと思うようになったんです」

「そうなんだ」とニューマン教授は言った。「そのような人物は、周囲に『となりの青い芝症候群』を増殖させる。先週、牧草地を歩いていたときに見た、フェンスの下にあいていた穴を覚えているかい？」

「はい」私は答えた。

「あの穴を掘った雌羊は、私が飼っているなかでいちばんの羊だった。そいつは群れのなかでいちばんの毛を持ち、また雄牛のように強かった。ただ一つの問題は、彼女の持つ悪いクセだった」

「羊にも、悪いクセがあるなんて！」私は笑いながら言った。

「本当だよ。彼女はいつも頭で若い羊をつつき、自分がボスであることを知らしめていた。さらに、彼女はフェンスの下をはいずりまわってばかりいた。となりの牧草地へ入りこむ方法を探していたんだ。私の牧場の草は、おそらくテキサスの田舎でもいちばん青々としているはずだが、彼女はフェンスの向こうは、もっとたくさん草が生えていると思っていたんだ。やがて子羊が彼女の真似をしてフェンスの下を掘り返しはじめたとき、来るべきときが来たと思った。できれば、私の牧場で満足してほしかったのだが、彼女にはそれができなかった」

ニューマン教授はしばらく間を置き、そしてつづけた。

「あの羊を思うと、何年か前、大学で私の同僚だった、ある若い教授のことを思い出すよ。この野心あふれる新米教授は、わざと学部長に、『ほかの大学でもっといい仕事がある』と主張したんだ。彼は心のなかではいまの職場を離れるつもりはなかったのだが、そう主張することで、給料を吊《つ》り上げようとしたんだ」

「それで、その学部長はどうしたんですか？」

「彼はおもむろにメガネに手をやると、補聴器のボリュームを確かめた。そして革張りの椅子から立ち上がって、よたよたと机ごしに彼のそばまで来ると、手を差し伸べてこう言ったんだ。『君の新しい門出を真っ先に祝福するよ。君のような優秀な人材をひきとめるなんて、もってのほかだ。おめでとう』そして学部長は、彼に教授室を片づけるよう静かにうながした。なぜなら、期末試験もすでに終え、彼にはそれを断る理由がなかったし、くわえて大学側も代わりの教授を受け入れる準備をしなくてはならなかったからだ」

ニューマン教授はクスクスと笑った。

「この話はもう何年も忘れていたよ。要するに彼は学部長にいっぱい食わせてやろうと、いさんで彼の部屋に入ったわけだが、結局は哀れな子犬のようになって部屋を後にすることになった」

「彼はそこから大事なレッスンを学びましたね」と私は言った。

「ああ、それとほかの教授たちもな」ニューマン教授はつづけた。「学部長は、たった一人の、現状に満足できない若者のために、『となりの青い芝症候群』が職場中に広がるのを放ってはおかなかったのだ」

「青い芝生といえば」と私は言った。「さっきの話のたくさん問題を起こした雌羊はどうなったんです？」

「ああ、やつはラム肉にして食ってしまったよ。おっと、あとの二つを早く説明して、牧場にもどろう。することはたくさんある。時間を無駄にしてはおれんからな」

P＝個性（PERSONALITY）

「だれにでも、その人に特有の個性が備わっているものだ。外向的な人もいれば、内向的な人もいる。また、同じ仕事のくりかえしを好む人もいる。そうした人たちは、突発的なことを好まず、明日も今日と同じことをすることに喜びを感じる。また毎日単調な仕事のくりかえしで、変化がないことに耐えられない人もいる。ある人は安定をもとめ、ある人は変化に生きがいを感じる。大事なのは、彼らをそれぞれの個性が生きる仕事や部署に配置するということだ。

ここで君に警告しておこう。ジェネラル・テクノロジー社は、六カ月ごとに仕事や配置を変えることで有名だ。そういう職場では、変化に適応しにくそうな人材は、雇う際に慎重になったほうがいい」

E＝経験（EXPERIENCES）

「人はみな、これまでのさまざまな経験を経て、いまがある。だから、部下をどこに配置するかを決めるヒントは、相手の個性やその人のこれまでの経験を知ることにある。経験とそれに合う仕事について、明確な法則があるわけではないが、一つの例を挙げよう」

「はい、お願いします」と私は言った。

「あるクライアントと仕事をするために、私がプロジェクト・マネジャーを選んで雇わなくてはならないということがあった。そのとき私はまだ会社に入って日が浅かったが、要求が多く、口うるさいクライアントたちの性格は知りぬいていた。彼らのだれも、それ以上のプロジェクト継続を望んでおらず、みな早く終わりにしたがっていた。これはとても難しい事態だった。そして私は、この仕事をまかせる担当者は、慎重に選ぶ必要があると思った」

「それで、どうしたんですか？」私はたずねた。

「引退した牧師を雇ったんだ」

「何ですって？　牧師を？」予想外の答に、私は思わず声を上げた。

「そうだ。当時、私の同僚は、みないまの君のように驚いたよ。だれもが口をそろえて言ったものだ、『彼には経験がない。彼は企業社会を知らない。知っているのは、日曜日に人に説教をすることだけだ』とね。この件は社内で大問題になった」ニューマン教授はつづけた。「しかし、私には確信があった。彼にはこの仕事にもとめられる情熱や、取り組む姿勢が備わっていた。しかし、それ以上に大事だったのは……」

「何ですか？」

「彼には、人の気持ちを心から理解してグループをまとめるという経験が備わっていたということだ。だから、もし、この任務をまっとうできる人がいるなら、それは彼しかいないと思ったんだ」

「そして結果は？」

「まさしく、最適の人物だったよ」

　車の置かれた場所にもどる途中、ニューマン教授は私の肩に軽く腕をまわし、まるで父親のようにアドバイスをしてくれた。その瞬間、私たちの関係が、導師《メンター》と弟子の関係になったように思えた。そう、まるで羊飼いが羊を導くように、彼は私を導きはじめていたのだ。

「テッド、それだけじゃない。まだ言うことが二つある」

「はい。どんなことでしょうか？」

「私が君に教えていることは、君が人をうまくまとめていくためだけの話じゃない。君自身のための話でもあるんだ」

「どういう意味ですか？」私は彼の言うことがよくわからなかった。

ニューマン教授は、考えを深めるようにしばらく視線を落とし、やがて私を見上げた。そして歩みを止めずに、こう言った。

「テッド、ほとんどの人は、自分の天職や使命は何か、それを見つけようと何年もももがきつづける。私もそうだった。私は、自分が得意な仕事に、つい何年も時間を費やしてしまったが、いつも何かが足りないと思っていた。私は『人に教える』という仕事に出会うまで、ずっともがきつづけていたんだ。ところが教室という場を見つけたとき、私は人生の目的をやっと見つけたと確信した。教えることは、まさに私のすべてだった。ほかのどんなことよりも、私の強みや、情熱や、私が持っている個性をいかんなく発揮できる仕事だった。また、教える仕事には、私がこれまでビジネスでつちかってきた経験をうまく生かすこともできた。

テッド、もし自分の天職や使命を見つけたかったら、また、せめて成功する可能性が最も高い分野で働きたいと思ったら、自分のＳＨＡＰＥをよく知り、その仕事に自分が適しているかどうかを知ることだ」

私の車の前まで歩いてくると、ニューマン教授は私にこう告げた。

「それじゃ、君に今晩の宿題を出そう。それは、自分のＳＨＡＰＥを書き出してくることだ」そう言うと彼は、私の肩をポンと叩いて、にっこり笑った。

「ニューマン教授、さっきたしか、言い残したことがあと二つあると？」私は彼に思い出させようとした。「残りの一つとは？」

「ああ、思い出した。もし私が君だったら、車に乗りこむ前にまず、靴の泥を落とすだろうな」

そう言われて、ふと目を足元にやった私は、思わず悲鳴を上げそうになった。

「あぁ、何てこった！　おろしたばかりの新品のローファーが！　こんなに汚れたら、もうきれいにならないですよ。糞と泥まみれだ」

私は途方に暮れて、ニューマン教授のほうを振り返った。

「車にペーパータオルも積んでないんです。いったいどうすれば？」

「そうだな……」彼は笑いをこらえながら言った。「こういう事態に備えて、危機

自分と部下のSHAPE（強み・長所、心、仕事に対する姿勢、個性、経験）を知ることが、成功への第一歩

管理のクラスを取ったらいい。テッド、どのみち君は優秀な生徒だ。これぐらい乗り切れるさ」

しかたなく私は、車にあった学校新聞で靴の汚れをふきとり、ニューマン教授が建物のなかで用を済ませるあいだ、考え事をしながら車の運転席に座っていた。私は、自分にこれから起きることを乗り越えられるかどうか、自信がなかった。しかし、今日の二回目のセッションについてメモを書き終えた後、ようやく「人を管理する」ということのイメージが頭のなかでできはじめていた。

羊飼いの知恵 その❷

羊たちの強みをつかむ——それぞれの個性を引き出す

- だれをメンバーに選ぶかで、チームの成否が決まる
- 前向きな考え方の人間を選ぶ
- 部下の強みや経験から、適性を判断する
- それぞれの部下に、それぞれのやる気が生かせる仕事を与える

第3章

羊と信頼関係を結ぶ

自分の哲学を伝える

競売場から牧場へもどる車のなかで、私はニューマン教授がさきほど言ったことをぼんやりと考えていた。これまで私は、ぶじに卒業することばかりに気を取られ、自分にいったいどんな仕事が向いているかなど、考えてみもしなかった。ただなんとなく、ジェネラル・テクノロジー社のような大企業で働いてみたいと思っていただけだ。

つぎに私は、自分の部下となる九人のことに思いをめぐらせた。私のチームが成功するかどうかは、彼らを適材適所に配置できるかにかかっているのだ。もし彼らの強みや情熱が、その仕事にうまくマッチしたなら、どんなにすばらしいことだろう。

「私のチームでは、みな自分の仕事に誇りを持ってほしい」

「だれもが毎朝、ワクワクしながら会社に来る。そんなチームだったら」

そう口に出してつぶやいているうち、私は、自分のチームの業績やメンバーの満足度は、すべて私のリーダーシップにかかっていることがだんだんとわかりはじめてきた。

私が車を倉庫の前につけると、ほぼ同時にニューマン教授のオンボロのピックアップが横づけにされた。見ると、その荷台には、いままで見たこともないほど

（それほど多くの羊を見ているわけではないが）大きな羊が載っていた。

「ほら、ぼうっとしてないで手を貸してくれんか」

教授はあいた窓から私に声をかけた。

「わしが納屋からちょいと道具を取り出すあいだに、こいつを降ろして、向こうの囲いに入れておいてくれ。すぐにそっちへ行くから。そろそろつぎのレッスンの時間だ」

「は、はい、わかりました」

数分後、悪戦苦闘ののち、私とその新参者の羊は、囲まれた柵のなかで、目と目をじっと合わせていた。息が上がっている私とは対照的に、彼女はすっかり落ち着き払っていた。私はさんざんてこずり、結局、彼女が私をここまで連れてきたようなものだった。ふと見上げると、ニューマン教授が囲いの入り口で、にっこり笑ってたたずんでいた。

「さあ、そろそろレッスンをはじめるかな」彼は言った。

「今回は前もって教えていただいて、どうも」ズボンについた羊の毛や泥を払い落としながら、私は答えた。

ニューマン教授は、私に向かって歩いてくると、私の肩に手をまわしてこう言った。

「さあ、君のマークを羊につけるんだ」

「どういう意味ですか？」私はたずねた。

「つまり、彼女にタグをつけるということだよ」ニューマン教授はまっすぐ私を見て、そう答えた。

「でも、どうやって？」私はさらにたずねた。

「これを使うんだ」

ひらかれた彼の手には、長く曲がった柄のさきにピアスの穴をあけるような歯がついたステンレス製の工具があった。そしてその横の黄色のタグには、教授の牧場のマークと番号が記されてあった。一週間前、牧草地でこれと似たようなタグを耳につけた羊を見たことを思い出した。

「これを羊の耳につけるんですか？」私はちがう答が返ってくるのを期待しながらたずねた。

「そのとおり」教授は、そのタグと穴あけパンチを私の手にポンと載せ、あっさりとそう言った。

「でも、羊は痛くないんですか？　こんなので穴をあけられたら」

「たしかに。かなり痛いだろうな。耳はとてもデリケートだから」

「ではなぜ、こんなことを？」私は、その道具を教授の手に押しもどした。

「つまりだ」ニューマン教授は言葉を選びながら慎重に口をひらいた。「このタグがついていれば、羊が属している群れがわかる。だから、それをつけるのは羊飼いの仕事なんだ」

　彼は手をひらいて、再度私にその道具を手に取るようにうながした。沈黙の押し問答がしばらくつづいたが、ついに私が折れた。私があきらめて道具を手に取ると、ニューマン教授はそのやり方を教えてくれた。さっきは暴れる羊に怒りしか感じなかったのが、いまは同情と罪悪感しか感じなかった（そして、数分前の羊との格闘を思い出し、もしかすると私が逆に羊に組み伏せられ、耳にタグをつけられてしまうかもしれないとすら思った）。

　私は、教授に教わったとおりに、しぶしぶ羊を体に引き寄せ、力いっぱいぐっと押さえつけた。その穴あけパンチの重みは、羊が感じるであろう痛みの大きさを想像させた。そして私は、彼女の耳にタグをあてがうと、パンチのハンドルをグッと握り締めた。その勢いでピンが彼女の耳を通過した。すると彼女は驚き、痛みから逃れようと激しく体をよじらせた。私は、彼女の耳の皮が引きちぎれてしまわないよう、すばやく彼女を放してやった。何とも言えない、つらい気持ちが私を襲った。

「さあ、落ちこんでいるヒマはないぞ」とニューマン教授は言った。「小屋にもどって、コーラでも飲みながらつづきを話そう」

数分後、私は牧場の小屋で教授と向き合って座り、ようやく落ち着きを取りもどしはじめていた。

「もう罪の意識でいっぱいですよ」沈黙を破って私は口をひらいた。

「君の心も傷ついたんじゃないかな?」

「ええ、もちろん。本当はあんなこと、やりたくなかった……」

「気持ちはわかるが、この仕事にはつきものだからね。慣れなくてはいけないよ」ニューマン教授は言葉をつづけた。「人をまとめる立場に立つ以上、ときには厳しい態度も取らなくてはならない。部下が期待どおりの仕事をしなければ、叱ったり、ときには首を切らなくてはいけないことすらある。だれもそんなことをしたくはないが、もし君が真のリーダーなら、あえてそういうことをしなくてはならない。さきほど君が感じた気持ちと同じだ」

私はうなずき、その言葉を嚙みしめながらこう言った。

「教授、一つ質問があります。羊の耳に穴をあけたとき、彼女は私から逃げようと身をよじらせましたが、鳴き声は立てなかった。それはどうしてでしょうか？」

「羊は、あまり頭のいい動物ではない。私はあるとき、重さ二〇キロの子羊が、フェンスにあいた、たった一五センチの穴を通り抜けようとするのを見たことがある。このことからも、彼らがあまり賢くないことがわかろう。

しかし、ときに彼らも知恵を発揮することがある。天敵のコヨーテなどから身を守ろうとするときがそうだ。羊が外敵から身を守る唯一の手段は、群れを崩さず、そのなかにいることだ。だから、彼らは本能的に群れをなす。羊たちは、コヨーテが群れのなかでいちばん弱っている羊を見つけ、それを獲物にすることを知っている。だから彼らはどれだけ痛くても、敵の気を引いてしまうので声を出すことはないんだ」

ニューマン教授は、ゆっくりと視線を私に置いた。

「では、君がジェネラル・テクノロジー社で率いる群れについて話を移そう。さて、君のチームに集められた羊を、君はどうやって一つの群れにできるかね？」

「それは」私は答えた。「競売場で教えていただいたように、まずメンバーにふさわしい人材を正しく選ぶこと、そして一人ひとりのＳＨＡＰＥに合った仕事をまかせることによってです」

「よろしい。私の話を聞いていたようだね」

ニューマン教授は満足そうに言った。

「そうすれば、彼らは仕事を通じて自分の力を発揮できる。そして、それは仕事の効率だけでなく、個々人の満足にもつながる。しかし、君はチームの一人ひとりのパフォーマンスを上げるだけでなく、チーム全体としての成果も高めたいはずだ」

「そうです。そのためにはどうすれば？」

「そのためには、君がついさっきやったことをすればいいんだ」

「耳にタグをつけるんですか？」私は笑って答えた。

「メンバーに君のマークをつけるんだ」とニューマン教授は言った。「さきほど、タグは所属する群れを示すと言った。テッド、人はまさに羊のようなものだ。羊同様、人間も群れをなしたい、何かに所属したいという強い本能がある。偉大なリーダーはその性質を理解し、うまく使いこなす」

「でも、いったいどうやって？」私はたずねた。

「優秀なリーダーは、自分がだれであるか、また何をするためにここにいるのかということを部下たちに強く印象づけることによって、彼らに存在意義や帰属意識を植えつける。そしてその意識が、判で押された焼印《やきいん》のようにみなの共通のベースとなり、部下たちはそれを通じてリーダーと心を同じくする。つまりリーダーの個性が、その組織の共通の分母となるんだ」

ニューマン教授は、羊のほうを指さした。

「テッド、君があの羊につけたタグは、いろいろなことを表している。それは持ち主を表すだけではない。私の羊の群れはそう大きくはないが、それでもうちの羊は評判が高い。つまり、君がつけたタグは品質の高さをも示している。まるで私の名前を、羊の脇腹に書いているようなものだ。

ジェネラル・テクノロジー社における君の部下は、あの羊が私のマークをつけているように、君のマークを背負うのだ。そしてそのマークは、君がどんなリーダーであるかを示すことになる。だから君のリーダーシップは、人々から受け入れられるようなものでなくてはならない。それができれば、結果は後からついてくる。どれ、そろそろ羊たちの様子を見に行く時間だ」

牧場の小屋を後にして歩きながら、私はたったいまニューマン教授が言ったことの意味を吸収しようとした。教授は、人々の強い帰属意識や、リーダーが部下に示す哲学の重要性を教えようとしてくれていた。私はもっとそのことを知りたかった。

「教授、偉大なリーダーが持つべき姿勢とは、どんなものなのでしょう?」

彼は深く息をすると、こう答えた。

「リーダーの姿は一つではないが、例を挙げることはできる。しかし、少なくとも良きリーダーは、部下にすぐ答を言ってしまうようなことはしないよ。どうだ、君はどう思うのかね?」

もう私の頭はパンク状態だった。急にそんなことを質問されても、それに答える余裕はなかった。多くのリーダーの特徴が、頭のなかを駆けめぐった。ついに、わらにもすがる思いで、私は最初に思いついた答を言った。

「思いつくかぎり、私にとっての偉大なリーダーは父です。といっても、父はビジネスのリーダーだったわけではないですが……。父は教師だったんです」私は謝るように言った。

「それで結構」とニューマン教授は言った。「リーダーシップは、取締役会だけでなく、家庭や教室でも必要だよ。では、なぜ君のお父さんが偉大なリーダーだと思うのかね?」

教授のこの質問が、私に父の偉大な側面を思い出させてくれた。

「父は、つねに一貫性を持っていました」私は答えた。「どんなことが起きようとも、どれだけの犠牲を払おうとも、父はつねに真実や正しさをもとめる姿勢を貫いていました」

「なるほど」教授はうなずきながら私をうながした。

「父は妥協してはいけないと教えてくれました。父はつねにこう言っていました。『人は自分の誠実さを五セントで売り飛ばすことができる。でも、どれだけカネを払っても、それを買いもどすことはできない』と」

「それはすばらしいな、テッド。ほかに何か印象に残っていることはあるかね？」

そう言われ、しばらく考えてみると、いくつか思い出せることがあった。

「はい。あと二つか三つあります」

「よろしい。ではまず最初の一つを教えてくれないか？」ニューマン教授はたずねた。

「はい。まず、父は公の場でも、プライベートでも変わらない人でした。教会でも、教育委員会でも、家庭でもです」

話しているうちに昔の思い出がよみがえってきた。私はつづけた。

「あるとき私は、親友と彼の父と三人で釣りの旅行に出かけました。彼の父は、同じ教会の執事の議長でした。私はいつも、集会での彼のスピーチをとても楽しみにしていました。しかし、その旅行中、釣りをしに湖の上に出たとき、彼はまったくの別人になってしまったんです。彼は低俗なジョークを言い、教会では絶対に言わないような品のない言葉をくりかえしていました。その日から、私は彼への尊敬の念を失いました。なぜなら、父にはそんなことは絶対になかったからです」

「つまり君が言いたいのは」ニューマン教授が口をはさんだ。「お父さんはとても信頼のおける人だったということだね」

「はい、間違いなく。父はまったくそのとおりの人でした」

「それは立派なことだ。では二つ目は？」

「父は、私たちに対し、いつも高い期待をしてくれました。父は私と姉に、つねに全力を尽くすことをもとめました。成長しつづけるためには、新しいことに挑戦しつづけ、自分をいつもストレッチさせることが大事だと。もしそれをしなかったら、自分に何ができるのか、それすらもわからないで終わってしまうと」

「すばらしい。とてもいいアドバイスだね」とニューマン教授は言った。「ほかには？」

「なかでもいちばん好きだったところは、私たちがたとえ失敗しても、いつも思いやりを持って接してくれたことです。私が車の免許を取り立てのころ、ある日、許可なしに父の車を借り、もう少しで廃車寸前の大事故をやってしまったことがあるんです。家にもどると、父は私を待っていました。私はこっぴどく叱られると思いました。

しかし、予想に反して、父はいきなり私の腕をつかむとぐっと私を引き寄せ、そして思いきり抱きしめてくれたんです。私は驚きました。なぜなら、きっと殴られると思っていたからです。父は目に涙を浮かべていました。このとき、父が私を抱きしめてくれたことは、いまでも忘れられません――結局、その年の夏休みは車の修理代を稼ぐためにずっと働きづめでしたが。とにかく、父は車ではなく、心から私を心配してくれたんです」

ニューマン教授はしばらくじっと私を見て、こう言った。

「テッド、一つ聞いてもいいかな。君はお父さんを信頼しているかい？」

「もちろん、ほかのだれよりも」私は即座に答えた。「なぜ、そんなことを聞くんですか？」

「それは、君の話から、君のお父さんは信頼されるに値する人だということが伝わってくるからだよ」

「そうです」私は答えた。「私だけでなく、多くの人が父を信頼しています」

「それこそ、偉大なリーダーが持つべき人格だ。君がジェネラル・テクノロジー社で働きはじめるとき、君の九人の部下たちは、つぎの二つの質問を自らに問うだろう。

まず、『リーダーは自分を理解してくれているか』そして、『彼を信頼することはできるか』。もちろん、その答は二つともイエスであることが望ましい。だが、仮に最初の質問の答がノーであっても、二つ目の答がイエスなら、彼らは君を受け入れてくれるはずだ」

私がうなずくと、ニューマン教授はつづけた。

「人々は、一貫性があり、信頼でき、思いやりがあるリーダーを望んでいる。それらを持ち合わせたリーダーは、部下の厚い信頼や忠誠心を勝ち取ることができる。テッド、君はそのようなお父さんを持てて幸せだよ。君は、きっとGT社で部下たちに君のマークをつけることができるはずだ。なぜなら君は、お父さんという良いロールモデルを身近に見てきたのだからね」

気がつくと、私たちは羊を囲ってある柵の前まで来ていた。ニューマン教授は入り口で立ち止まり、私を振り返るとこう言った。

「テッド、さっきの質問への答がまだあったよ」

「ぜひ聞かせてください」私はたずねた。

「偉大なリーダーは、つねに部下たちに自分の価値観や使命を伝えつづけることによって、自らの理念を彼らに植えつけている。人の気持ちはすぐに揺らいでしまうものだ。だから、良きリーダーはつねにコミュニケーションを取ることで、部下たちにそのグループにいることの意味や使命感を呼び起こしているんだ。

だれか思いつく偉大なリーダーを挙げてみたまえ。パットン将軍は、つねに彼の部隊に動きつづけることをもとめた。キリストは、天からの良い知らせを広めるよう、根気よく弟子たちに説いた。リンカーンは、連邦制の維持を主張しつづけた。どうだ?

テッド、君が会社で最初にすべきことは、九人の部下たちが共有できるビジョンを掲げ、そのために彼らがすべきことをわかりやすく示すことだ。そして君の部門、いや、一人ひとりの力なくしてジェネラル・テクノロジー社は、人々を満足させる製品やサービスを提供することはできないということを伝えるんだ。その際、そのビジョンをかならず実現させるという強い気持ちをもとめることを忘れてはいけない。

どれ、説教はこれで終わりだ。柵に入って羊たちの様子を見るとしようか」

私は両手を広げ、手のひらを上に向けて羊へと近づいていった。その様子を、教授は少し離れたところから目を細めて見守っていた。私は、今度は何も手に持っていないことを羊たちに知ってほしかったのだ。すると驚くことに、羊たちは私がそばまで近づくのを許してくれた。これまで、私は羊に話しかけているような感覚はなかったが、このときはじめてそんな感覚を持った。

私はさきほど耳にタグをつけた羊のそばに寄り添い、さっきは本当に悪かったと、彼女に謝った。そして、彼女がこのタグをつけることがどれほど大事か、彼女が属している群れがどれほどすばらしいかを言って聞かせた。私は羊に語りかけながら、絹のようにつややかで豊かな毛をずっとなでつづけていた。彼女は今度はとてもおとなしく穏やかで、まるで私の話を本当に聴いているかのようだった。

遠い柵の向こうから、ニューマン教授の声が聞こえてきた。

「テッド、いまのところ、君は私をがっかりさせてはいないようだな」

自らのビジョンを示し、目標を達成するためにすべきことを明確に提示する

「どういう意味ですか？」

「まあいい」と彼は言った。「今日のレッスンの最後のポイントはこれだ。『自分が導こうとする人たちには、自ら近づき、心をひらかなければ、ビジョンが伝わることはない』。最初、君は羊たちとの距離もあり、痛みを与えたけれども、いまはこうして羊たちをそばに抱き寄せ、彼らを励まし、みごとに通じあっている。

ジェネラル・テクノロジー社でも、君は毎日どうやって人をリードしようかと、頭を悩ますことだろう。それは遠くから命令することでもできるし、あるいは近づいて話しかけることでもできる。もちろん、遠くから彼らを感動させることもできるだろう。しかし、本当に彼らに影響を与え、自分の哲学をわかってもらうには、心をひらき、一個人として向き合わなくてはならない。

テッド、覚えておきたまえ。リーダーシップとは、たんなる仕事上のテクニックではない。それは人間同士のつながりの上に実現するものだ。じゃあ来週、授業で会おう」

その日の晩、私はアパートにもどると、今日教授に教わったことを書きもらすまいと、すぐにノートをひらいた。そこには、つぎのような項目が新たに書きくわえられた。

羊飼いの知恵 その❸

羊と信頼関係を結ぶ——自分の哲学を伝える

- つねに相手を思いやり、部下とのあいだに信頼関係をきずく
- 相手の可能性を信じ、目標を高く設定する
- 自分の価値観や使命をつねに伝えつづける
- 一人ひとりが何のためにここにいるのか、その存在意義を伝える
- ビジョンを伝えるには、自ら近づいて心をひらく

第4章

安心できる牧草地をつくる

部下が力を出せる環境をつくる

つぎの週はとにかく忙しかった。その週に提出しなくてはいけないレポートがどっさりあり、さらに学期末および卒業式が迫っていることもあり、学生同士の競争はだんだん激しさを増していた。それは、まるで協同と競争の境目をさまよっているようでもあった。

その週の木曜の晩遅く、ニューマン教授から電話があった。

「テッド、ニューマンだ。どうだ、なんとか持ちこたえているかね？」

「ええ、死なない程度に。今週は平均四時間睡眠ですよ」

「そうかね、まあせいぜいがんばりたまえ」彼は励ましの言葉をかけてくれた。「卒業はもうすぐだ。気づいたころには終わってるよ。ああ、電話したのはほかでもない」

「何でしょうか？」

「いや、じつは土曜の朝の代わりに、明日の授業の後に会えないかと思ってね」

「ええ、私はべつにかまいませんが」私は答えた。「でもなぜですか？」

「いや、たまにゃ君も、土曜はゆっくり休みたいかと思ってね」

「それはそれは。一日ゆっくり寝坊できるなんて」

「よろしい」とニューマン教授は言った。「では、明日の授業の後、学校の前で会おう。車で迎えにいくよ」

　そう言って教授は電話を切った。

　翌日。ニューマン教授の巨大複合企業《コングロマリット》についての講義が終わると、私は外に出て、わが導師《メンター》の赤いオンボロピックアップが来るのを待っていた。すると突然、鮮やかな赤と白の五七年型コルベット・コンバーチブルが勢いよく角を曲がり、私に向かってホーンを鳴らした。ふと見ると、なんとニューマン教授がハンドルを握っていた。

「ほら、飛び乗らんか！」彼は弾んだ調子でそう言った。

「すてきな車ですね」私は驚いて言った。「あのピックアップはどうしたんですか？」

「テッド、私はわざわざあの古いオンボロをころがすためにハーバードで博士号を取ったんじゃないよ」彼は歯を見せて大きく笑った。

　つぎの四十分間、教授は車を飛ばして田舎の曲がりくねった道を駆け抜けた。コルベットのサスペンションは小気味よく私たちを支えた。やがて教授は、オースチン市街を出たあたりで、農場につづく小道の片隅に車を寄せ、エンジンを止めた。

「さあ、ついてきたまえ」と彼は言った。「実地レッスンの時間だ。きっと君の記憶に残ると思う」

私たちは車を降りると、細い用水路を渡り、道路に沿って並んでいるフェンスに近づいた。

「ほら、見たまえ」

つぎの瞬間、思わず口があいた。目の前には、これまで見たことのないような悲惨な光景が広がっていた。たしかにニューマン教授の言ったことは間違っていなかった。

「教授、これはひどい……」

「そのとおりだ、テッド。さあ、もっと近づいてしっかり見るんだ。何が見えるかね？」

「やせ衰えた羊たちですよ」私は答えた。「それもツヤのないちぢれ毛で覆われている。草もほとんど食べ尽くされ、茶色くなって枯れているようだ」

私は顔を上げ、地平線に目をやると、言葉をついだ。

「あそこに見える小屋も崩れかかっています」

「ほかに何が見えるかね、テッド。もっとよく見るんだ」

私はさらに前かがみになり膝を曲げて羊に近づくと、群れ全体にわたって、ハエの大群が羊たちの目や頭のまわりを飛んでいるのがわかった。そしてつぎに目に飛びこんできた光景で、私は気分が悪くなった。

「ウエッ、これはたまらない」私は思わずそう口にした。なかの一匹の羊の背中に傷があり、そこに寄生虫がうごめいていたのだ。

「これはクロバエだよ」ニューマン教授は説明した。「やつらは、あいたままの傷口に卵を産む。やがて卵が孵化《ふか》して蛆虫《うじむし》となり、皮膚の奥深くまでもぐりこむ。これは羊に大きな苦痛を与えるんだ。放っておくと、命を落とすことすらある」

「こんなおとなしい羊に、なんてひどいことを……」私はつぶやいた。

「テッド、いま君が見ているのは、羊への気配りを怠った結果だ。君がいままで私の牧場で見ていたのは、これと正反対、つまりつねに羊たちに気を配っている、その結果だ。このちがいを君に見せたかったんだよ。すべての群れが、私の牧場の羊たちのように良い状態にあるとはかぎらないんだ」

「そして、この牧草地も」と私は言った。

「そう。それもこの群れがやせ衰えている理由の一つだ」ニューマン教授はつづけた。「彼らの羊飼いは——いや、彼にはそう呼ばれる資格はないかもしれんが

――群れたちが安心して草を食《は》める環境をつくってこなかった」

「それはとても残念なことです」

「テッド、もっと残念なことを教えよう」教授はつけくわえた。「じつは毎日、何十万もの人々が、朝起きると、この牧草地のようなところに勤めに来ている。本来なら彼らのリーダーが、みなが健康で幸せになれるよう面倒を見るべきなのに、彼らはほったらかしにされている。彼らは終業時、『ああ、今日も何とか生き延びた』と会社を後にする。そこにはやる気のかけらもない。彼らは能力を伸ばせていないんだ。外見は何の問題もないように見えても、中身はこの哀れな羊たちと同じだ」

「では、彼らが成長できるような環境を整えてやるには、いったいどうすればいいんですか?」

「いい質問だ」とニューマン教授。「どれ、そろそろキャンパスまでもどろうか。その話は途中でしよう」

そうして私たちは教授の車に乗り、田舎道をもどった。途中、ニューマン教授はつづきを話しはじめた。

「テッド、羊たちは十分に休息を取り、必要な栄養を与えられなければ、最高の毛を育《はぐく》み、丸々と太ることができない。さっき見た羊たちがあまりにもやつれて見えたのは、彼らがすっかり疲れ果てていたのが大きな原因だよ」

彼はちらっと私のほうを見て、そしてつづけた。

「羊たちは、最低三つの不安がなくならないかぎり、横になって休むことはない。だからこれら三つにきちんと取り組まないかぎり、群れが繁栄する環境をつくることはできない」

ニューマン教授は一つ目のポイントを言う前、道路から目をそらして、またちらっと私のほうを見た。

「一つ目は、恐れだ。つまり、群れが襲われるという不安だ」

「ほかの動物から襲われる、ということですか?」私はおそるおそるたずねた。

「そう。彼らにそうした不安を与えてはいけない」

「教授、それよりもいま私が感じている不安は……」私は慌《あわ》てて、突然前に現れた大きなトラクターを指さして叫んだ。「危ないっ!」

「おっと」

ニューマン教授はとっさにハンドルを切り、そのずんぐりとしたトラクターをたくみにかわした。

「さすがコルベットだ。もしこれがあのオンボロだったら、こうはいかなかったかもしれんな」教授は笑いながら言った。

「危うくぶつかるところでした。おかげで命拾いしましたよ」私は、シートで体を支えながら言った。

「なんのなんの。あれくらいどうってことないさ。さてと、羊に話をもどそう。どこまで話したかな？」

彼は片手を窓の外にかざしながら言った。教授は羊のことを話せば話すほど、生き生きとしてくるように見えた。

「おお、そうだ。羊はほかの動物から襲われないという保証がないと、安心しないんだ。そしてずっと立ちつづけ、万が一に備えて、あたりを見まわして警戒しつづける。そういえばさっき、後ろのほうにあったフェンスを見たかね？」

「ええ」私は答えた。「小屋と同じくらい荒れていました。フェンスが壊れかかっているところもありました」

「そうだ。あれでは羊たちは心休まることがない」

教授はさらに話をつづけた。

「羊は四足歩行をする動物のなかで、いちばん賢い動物というわけではない。だが、身の危険を察することはできる。だから彼らはいつも立っているんだ。私たち人間も同じようなものだ。何か間違ったことや危険なことのにおいを感じると、私たちは本能的にそこを避け、そっと立ち去ろうとする。確かでないものが私たちを不安にさせるんだ」

教授が言ったことについて少し考えた後、私は言った。

「教授、私が勤めていた銀行の話を覚えていますか？」

「ああ、もちろん」と教授は言った。

「私は結局あの銀行で二年働いたんです。その二年目のことですが、銀行の経営がだんだん行きづまってきました。二週間ごとに、全員レイオフされるのでは、との噂が飛びかい、みな、不安におののき、もう最悪の状態でした。私は、もしレイオフが実施されても、自分はその対象にならないようにと一生懸命がんばりましたが、同時に、こうしてがんばっても、結局は無駄になるかもしれないという不安でいっぱいでした。とても仕事に集中できたものじゃありませんでした」

ニューマン教授は深くうなずいた。

「まさにそのことだよ。働く環境が安定していなければ、いい仕事などできるはずがない。テッド、このことはしっかりと胸に刻んでおいてほしい。そうした状況のなかでは、君ばかりでなく、君の部下たちも落ち着いて仕事に取り組むことなどできないということを。彼らにいい仕事をしてもらうには、彼らから不安や恐れを取り除くことが大切なんだ」

「では、そのためにはどうすれば？」私はたずねた。

「彼らの気持ちをかき乱す不確かな要素を、できるかぎり取り除くことだ。そのためには、部下たちにつねに情報を伝えておく必要がある。もしそれが悪い知らせなら、まず君の口から直接彼らに伝えることだ。もし、悪い知らせがあっても君が真っ先に知らせてくれるということがわかっていれば、彼らは噂に惑わされることは少なくなる。そうでなければ、だれか一人が悪い噂をつかんだとき、それはあっというまに組織全体に広がり、みなコーヒーサーバーの前でヒソヒソと噂話をするようになる。これは、人が群れをなす際の悪い側面なのだが」

ニューマン教授は、話のポイントを強調するために私のほうをじっと見た。

「もしこういったことが起きたら」彼は私に警告した。「それは自分が良い羊飼いとして機能していないというサインだと思いたまえ」

「良いアドバイスをありがとうございます」

私は、自分にそんなことが起きないようにと祈りながら、そう答えた。

「つぎの話に移る前に、もう一つ大事なことは」教授はつづけた。「群れ全体に対してはもちろんだが、一人ひとりにもきちんとコミュニケーションを取ることだ」

「それは、何に関してですか?」

「とくに、彼らのパフォーマンスについてだ。だれもが、期末の業績評価をとても気にかけ、不安に思っている。大事なことは、直前になって急にそのことを持ち出すのではなく、前もって評価の時期を知らせておくことだ。そうすれば、その時期に向けて本人が何とかすることはできるし、たとえその評価がマイナスでも、本人は納得できるはずだ」

「わかりました」私は答えた。「では、彼らを繁栄から妨《さまた》げている二つ目の不安とは?」

「対立だ」教授はしばらく間を置き、そしてつけくわえた。「部門内や、部門同士の摩擦《まさつ》による足のひっぱりあいは、博士論文を書けるほど多種多様な問題だ。本来なら協力すべきところを敵対してしまう。健全な競争ではなく、醜い勢力争いによって会社がだめになった例はいくらでもある」

「その対立を避けるにはどうすれば?」

「三つの秘策を使うんだ」ニューマン教授は答えた。「そうした争いは、ポジションの取り合いによって起きることが多い。一見羊はおとなしそうに見えるが、その姿にだまされてはいけない。群れのなかにも、ちゃんとした序列があるんだ。これもまた、人々と羊が似ている例の一つだ。人はいつも自分がどのへんの順位にいるか、そのことばかりを気にしている」

「たしかに」私は笑って言った。「まるで私たちのクラスみたいに」

「そのとおり。だから私がテスト の結果を渡すとき、生徒たちは決まって聞いてくる」

「『平均点はどのくらいですか?』って」私は口をはさんだ。

「そうだ。わかるだろう? みな、自分が平均点より上か下かを知りたがる。自分が人より有利な立場に立とうとするのは、人間の本能なんだ」

「ではそれを解決するには、どうしたらいいのでしょう?」私はたずねた。

「秘策その一。それぞれの仕事の大切さ、意味をわからせること」ニューマン教授はアクセルを少し踏みこみながら、そう答えた。「もし自分の仕事の大事さをわかっていれば、人はそうほかのポジションを争ったりするものではない。GT社に出社したその日から、君は部下たちに、チームのだれもが必要な存在であることを、はっきりと伝えなくてはいけない。一人ひとりにとても重要な役割があること、そして彼らなしでは、君の仕事は進まないということを」

教授の話が熱を帯びてくるにつれ、だんだんと車のスピードが上がっていくのに私は気づいていた。

「秘策その二は」彼はつづけた。「群れのなかの悪玉分子を取り除くことだ。テッド、世の中には、自分が不幸せでなければ楽しくないというような人間もいる。組織全体の協力的な雰囲気を壊すには、たった一人の問題人物がいれば十分だ。その問題人物に気を取られるあまり、みなプロジェクトになど集中することができなくなる」彼の顔がだんだんと赤みを帯びてきた。「これは本当に残念なことだ」

彼はそう言うと、さらにアクセルを踏みこんだ。

「それはつまり、前に競売場のところで言っていた、前向きな姿勢を持った人を選べ、ということですね」私はシートにしっかりと体を押さえつけながら言った。

「まさにそのとおりだ」とニューマン教授。「ところでテッド、さっきの羊の傷跡のことは覚えているかね？」

「ええ」今度は、私は両手でしっかりとアームレストをつかみながら言った。「ひどく化膿《かのう》しているように見えましたが」

「そうだ。だがそもそもどうしてその傷口があいてしまったか、わかるかな?」

「いえ。群れのなかの優劣を決めようと、たがいに突っつきあったんでしょうか?」

「そうではない」彼は首を振った。「彼らはほんのわずかに生えている草を奪い合ったんだ。組織においても、ほんのささいなことで人が醜い争い合いをすることはよくある。羊も同じだ。そこで賢い羊飼いは、牧草地をローテーションさせることによって、群れに争いが起こるのを避ける。彼らは、草が生えたばかりの、より緑の多い場所へと群れを移動させる。さきほどの群れの羊飼いは、そういうことをすべきだった。これが秘策その三。つまり、メンバー間でさまざまな仕事やチャンスをローテーションさせるということだ。そうすることにより、よけいな争い合いが起こることはなくなる」

ニューマン教授は、しばらく間を置くと、こうつけくわえた。

「テッド、子どもを持つ父親として私が学んだのは、賢い親は雑用を子どもたちのあいだでまわすということだ。つねにゴミ捨てをしなくてはいけないなんて、これほどつまらないことはないとは思わないか?」

彼は自分でクスクス笑いながら、こうつづけた。

対立を避ける三つの秘策
①各人にそれぞれの仕事の意義を教え、自覚を持たせる　②不良分子は排除する
③仕事を定期的にローテーションさせる

「よろしい。ではつぎのテーマは、いまのほどヘビーではないが、しかしこれも君のチームの生産性に影響を与える大事な要素だ。不安の三つ目は、害虫だ」

「害虫ですか」

「そうだ。害虫を駆除していない牧草地では、羊は繁栄しない。大量のハエやブヨが、つねに羊たちをいらいらさせるからだ。羊はこれらの害虫がいると、ゆっくりと横になることができない。もちろん、ハエやブヨが組織において人を悩ませることはないが、ときにそれに似たような要素が、仕事に集中できないほどの問題を起こすことがある」

「たとえば？」

「そうだな。いまでも忙しいのに、もし学部長が、さらにもう一つのＭＢＡ公開講座をひらけと言ってきたら、私は気が狂うよ」ニューマン教授は、急加速してコーナーをまわり、道路を突進した。

「なるほど」私は、さらにシートに体を押しこみ、ニューマン教授がスピードを落とすことを祈りながら言った。「私が働いていた銀行が経営難に陥ったとき、経営側は大幅な経費削減を余儀なくされました。私たちは、新しい経費削減ルールについての告知を大量に受け取り、私はもう気が散って仕事どころではありませんでした。あるときなどは、『トイレで流す水の回数を制限する』とさえあったくらいですから」

「そこまでしたのかね？　それはたしかにうっとうしい」と教授は言った。「一つ一つはとてもささいなことかもしれん。しかし、それは人の気持ちをかき乱すには十分だ。仕事の優先順位がコロコロ変わったり、目先のことで決定がくつがえったり。考えてもみたまえ、つねにまわりの人間のいらいらの種になるような人間がいたらどうなるか……」

　ニューマン教授は片手をハンドルから離すと、私のほうへ手を伸ばすような大げさな身ぶりをした。

「それと同じだ。牧草地全体を悲惨な状態にしてしまうのも、もとはといえばほんのささいなことが原因なんだ」

　私は、今度は自分が運転をかってでよう――そう思いながらこう言った。

「私もできるかぎり、悪い原因は小さいうちから摘《つ》み取るように心がけます」

「そうだね。でもあまり度が過ぎ、トイレの流す回数をも制限するようなことにならぬよう、気をつけてな」

　オースチン市内に近づき、ようやくニューマン教授はスピードを落としはじめた。

「羊たちは、不安や害虫から解放され、さらに飢えが満たされなければ、決して繁栄することはない。人も似たようなものだが、彼らがもとめるのは昇進や権限、昇給などだ。いずれにせよ、もし君が部下が安心できる環境をつくれなかったら……」

「彼らはよそでその環境を探す……」私は言葉をはさんだ。

「そのとおり。多くの企業が毎年、何百万ドルもの大金を新人や中途採用の研修に費やしているのは、いまいる社員たちが、より青い芝生をもとめて会社を離れていくからだ。この『となりの青い芝症候群』は、企業の生産性にもかなりの影響がある。もちろん、人が辞めていくのはある程度はしかたがない。なかには、マネジャーが何と言おうと聞く耳を持たず、数年ごとにいくつもの企業を渡り歩く者もいるくらいだからな。会社側も、もっと人事面に資金とエネルギーを使って対策を取れば、結局は人もとどまり、効率的だということをわかってきてはいるようだが」

ようやくニューマン教授は、キャンパスの駐車場へと車を止め、そしてこう言った。

「テッド、今日はたくさんのことを話した。だが、最後に、部下たちが生き生きと仕事に取り組める環境づくりに役立つ、二つの方法を話しておかねばならん」

「わかりました。ぜひお願いします」

私はそう答えながらも、内心、車がやっと止まったことにほっと胸をなでおろしていた。

「まず一つ目は、つねにみんなの前に自分の存在を見せておくことだ。めったに姿を見せないような羊飼いになってはいけない。彼らが安心して働ける職場の空気や環境を君がつくるんだ。もしそれができたら、彼らが生み出す成果には目をみはるものがあるにちがいない。また、彼らの君に対する忠誠心にも驚かされるはずだ。羊飼いの姿ほど、羊たちを安心させるものはない」

「なるほど。だからまず最初に、どうやってリーダーが部下とのあいだに絆《きずな》をつくるかについて話してくれたんですね、彼らから信頼されるために……」

ニューマン教授は私を見て、ほほえんでこう言った。

「羊たちは、羊飼いが心から彼らの繁栄を願っていることを知り、いつもその姿を牧草地で見かけていれば、自分たちは守られていると感じるんだ。人も同じだ。もし明日どうなるかがわからなくても、今日信じることができるリーダーが目の前にいれば、不安を乗り越えることができる」

「それはすばらしい」私は必死にノートに書きとめた。

「いまのが一つ目だ。そして二つ目のポイントは、私が長年の失敗から学んだことなのだが」

「というと?」私はたずねた。

「問題を放っておかない、ということだ。これまで、たった一匹の羊が群れ全体に悪影響を及ぼした例を、どれほど多く見てきたことか……」

「今日見た群れにも、きっとその問題が起きたと?」

「おそらく。思慮深い羊飼いなら、問題にもっと早く気づいて、群れ全体に蔓延《まんえん》させることはなかったはずだ。君がGT社に入ったら、同じ失敗を絶対にしてはならん。何事も早めに対応すれば、組織全体の大事にいたる前にかならず食い止めることができる」

私はしばらく教授が言ったことについてあれこれ思いをめぐらせていた。やがてニューマン教授は、腕を広げ、私をうながした。

「さあ、そろそろ帰ってゆっくり休みたまえ。君ならきっとうまくやれると信じているよ」

「ありがとうございます。家にもどったら、だれにも邪魔されないよう受話器をはずしておきます」

「それはいい考えだ」と彼は言った。「私もそうするよ」

今日は、とても実り多い一日だった。ニューマン教授の車が去った後、私は学校の前の縁石に腰かけ、今日学んだことをノートにすべて書きとめた。

羊飼いの知恵その❹

安心できる牧草地をつくる —— 部下が力を出せる環境をつくる

・情報は隠さず、きちんと伝える
・チームを誤った方向に導く者は、早めに排除する
・仕事をローテーションさせ、チャンスを均等に与える
・つねに自分の姿を示して、彼らを安心させる
・問題は放っておかずに、すぐに対処する

第5章

杖《つえ》でそっと彼らを導く

人を導く四つの方法

つぎのレッスンは、急遽、ニューマン教授の教授室で行われることになった。教授の秘書が私に電話をかけてきて、彼が多忙を極めているので、できれば教授室に来てほしいと言ってきたのだ。

「一向にかまいませんよ」

私はそう伝えた。

テキサスの夏は早い。私はむしろ、たまには屋内でのレッスンもいいだろうと思った。なにより冷房の効いた快適な場所で過ごせるからである。

私は少し早めに教授室に着いたので、彼が来るのを待つあいだ、部屋のなかの様子を少し観察した。室内は思いのほかきれいに整理されていた。ほかの教授のオフィスのように、古い学会の機関紙などが山のように積まれているようなことはまったくなかった。彼の本棚は、経営戦略についてなどあらゆるビジネスに関する分厚い本でいっぱいだった。きっと教授はあまりテレビは見ないにちがいない、と私は心のなかで思った。

壁のほうに目をやると、そこには賞状や盾、または感謝状などがたくさん飾られていた。ニューマン教授のこれまでの業績に圧倒され、私は思わず独り言を言った。

「スタンフォード大学卒、ウォートンでMBA、そしてハーバードで博士号！　こりゃテレビなんか絶対見ないはずだ」

部屋をぐるりと見まわすと、世界中の写真や記念品が部屋のあちこちに点在していた。

「彼は世界中を飛びまわってるんだ」私はつぶやいた。「このガラクタも、どこのものだか見当もつかない」

「ああ、それらのガラクタはな」と突然、ニューマン教授の声が後ろから聞こえた。「世界中で集めた私の宝物だよ」

彼は部屋に入ってドアを閉めるとこうつづけた。

「今日君をここに呼んだのは、じつはあるものを見せたかったからだ。まあ、もっとも、いまはレポートの採点に追われて——君のも含めてだが——てんてこ舞いだったせいもあるがね」

「すみません」私は咳払《せきばら》いをしながら言った。「ガラクタよばわりしてしまって……」

「いや、気にしなくてもいい」と彼は言った。

そして壁から二本の杖《つえ》のようなものをはずすと、それを机の上に置いた。そして机の反対側にまわりながら、私にその長いほうを渡すと、彼は椅子に腰かけた。その杖は長さ一五〇センチくらいで、端のほうがクエスチョンマークのように曲がっていた。

「テッド、これが何だかわかるか?」

「ステッキのように見えますが」

「これは、大昔の羊飼いの杖だよ」

「それはすごい」と私は言った。「いったいどこでこれを?」

「イギリスで手に入れたんだ。ある夏、オックスフォードでサマースクールを教えたんだが、そのときに見つけたんだ。いま君が持っているのは、二百年以上も前のものだよ」

「本当ですか?」私は驚きの声を上げた。「私たちの国の歴史よりも古い」

「それとて、たいしたことはない」とニューマン教授。「羊は、八千年も前からすでに家畜として飼われていたんだ。実際、羊毛の服は紀元前四千年にバビロンでも着られていたらしい」

「そんなに歴史があるなんて」

「この杖と棍棒は」ニューマン教授はテーブルの杖を指さしながら言った。「古代の王たちが使っていた、いわば王権の象徴だ。その証拠に、彼らは当時、まさに『人々を導く羊飼い』と呼ばれていたんだ」

教授は私をちらっと見ると、つづけた。

「要するに、君がいま学んでいる教えの起源はとても古いということだ。古代の王たちは、人々を支配するのに、君が身につけつつあるのと同じ知恵を役立てていたんだ。それ以来、この知恵は、時代を経て生きつづけている。だからこの効果は実証済みなんだよ。ところでこの杖をどうやって使うか、わかるかね？」

「ええ、おそらく荒れた地形の場所を歩くときなどに支えとして使うのではないかと……」私は想像して答えた。

「そうだね、たしかにそんなときにも便利だ。しかし、それはこの杖の本当の使い方ではない」

「うーん」私は少し興味をそそられた。「では、いったい本当の使い方とは？」

「この杖は、羊飼いが羊を導くために使う、最も大事なツールなんだ」

ニューマン教授は少し間を置き、その言葉の重みを噛みしめていた。

「つまり……これはリーダーシップに欠かせないツールだと？」私はその杖を手にとり、しげしげと眺めながらそうたずねた。

「まさにそのとおりだ」

　ニューマン教授はきっぱりと言った。彼は前のめりになると、突然真剣な顔つきになった。

「この杖で羊飼いができることは四つある。そして、そのそれぞれが、羊飼いを羊飼いたらしめる責任や役目を意味している。もしその四つに失敗したら、テッド、君は群れをまとめることができないんだ」

「わかりました」私は少し気がまえて答えた。

「まず第一に」と教授は言った。「この杖は、人々を導くという責任を表している。羊飼いの一日の最初の仕事は、小屋から羊を外に連れ出し、新鮮な牧草地を見つけることにはじまる。だから、彼らは地形を知らなくてはならないのはもちろん、どこに新鮮な草が生えているか、またそこに群れを導く術を知らなくてはならない。熟練した羊飼いにはそれができる。彼は一人の力で、百匹以上の群れを遠くまで導くことができる」

「それはすごいことですね。いったい、たった一人で、どうやって？」

　ニューマン教授はほほえんだ。

「まさにリーダーシップのなせる業《わざ》だ。そして、そのために、いま君の手にある杖を使うんだ」

「こ、これを使って？」

「そう。ほかの群れをなす動物と同じように、羊も通常は目の前の羊にしたがって動く。だから羊飼いは、群れの先頭に立ち、先頭の羊を軽くその杖でつついて、進むべき方向に進ませることで、群れ全体を誘導する」

「その光景はきっと圧巻でしょうね」

「それは何ともいえない気分だよ」教授は言った。「彼らをどこへ向かわせるべきかがわかっていればね。でも、もしおなかをすかせ、のどを渇かせた羊の大群を率いていながら、道に迷ってしまったら、それはもう悲惨だ」

「きっと羊たちも頭に来ることでしょう」私は少し皮肉っぽく言った。

「ああ、おそらくな。先週見た、あのほったらかされた群れのことは覚えているかね。もしあの群れの羊飼いがちゃんと彼らを新鮮な牧草地へと導いていたら、きっとああなることはなかったはずだ。だが彼はそれを怠り、ずっと不毛な土地にとどまらせた」

「残念なことです」と私は言った。

ニューマン教授はつづけた。

「羊たちは、すぐ目の前の草に目が行ってしまう習性がある。だから、だれかが群れの進む方向を見ていなくてはいけない。

これは人とて同じだ。人々も、つい自分の仕事にだけ没頭し、その日が終わるまで頭を上げようとしない。だから、いつもリーダーが遠くを見まわして、どこに緑の草が生えているかを見つけなくてはならない。またリーダーは、群れがバラバラにならないように見張って、彼らを進むべき方向へと導いていかなくてはならない。

それがジェネラル・テクノロジー社の一部門のリーダーとして、まさに君がすべき仕事だ。良い羊飼いとして、群れをうまく導くんだ。進むべき方向を見つけ、自分が先頭に立ち、つねに群れを動かしつづけるんだ」

教授は、私が彼の言葉をちゃんと理解できるよう、少し間を置き、そしてつづけた。

「そして、群れを導くときには、杖と棍棒を混同しないように気をつけることだ」

そう言うと、彼はテーブルの上のもう一方の棒を指さした。「リーダーが、しばしば人々からの忠誠心を得られないのは、彼が人々を杖でなく、棍棒でリードしようとするからだ」

「なるほど……」私は言った。「おっしゃろうとしていることは何となくはわかるのですが、もう少しくわしく教えてもらえますか」

「ほとんどの場合」ニューマン教授は説明しはじめた。「杖は、どちらかといえば棍棒よりもやさしい使い方をされる。杖の一つ目の役割は、彼らを導くことだ。羊飼いは、杖で羊たちを軽く押したり、そっと叩いたりして彼らをリードする。決して強く振り下ろしたりはしない。そうすることで、羊たちは恐れからではなく、信頼感からしたがうようになる」

「わかりました」と私は言った。「私にも似たような経験があります。前にお話ししましたが、だれかが間違いを冒したとき、いつもみんなをガミガミ叱っていた上司の話を覚えていますか？」

「ああ、覚えているよ」

「彼は人を杖でなく、棍棒でリードしようとしていたんじゃないかと思います」

「そのとおり」ニューマン教授はうなずいた。「そのとき、君はそのリーダーにどれだけ忠誠心を感じたかね？」

「ゼロです。とてもじゃないけど、我慢できませんでした。実際、みな、彼を怖がっていました」

「それがつまり、みなが彼のために働いていた理由だよ。怒られないように、だ。しかし羊飼いは羊を導く。彼らを駆り立てたり、追い立てたりするのはワンワン吠《ほ》える犬の役目だ」

私は深く息を吸うとこう言った。

「私は、部下にそう思われたくはありません。部下から、吠える犬ではなく、信頼できる羊飼いだと思ってもらうには、どうやって彼らを導けばいいのでしょうか？」

「棍棒を振りまわすのではなく、杖でやさしく触れればいい。つまり、人を導くときには、威圧するのではなく、説得することだ。ただこうしろと命令したり、要求をつきつけたりするのではなく、相手を擁護《ようご》し、依頼し、アイデアを提案するんだ。

そして自らが先頭に立ち、彼らに進むべき方向を示す。また、だれかがミスを冒しても、君のかつての上司のようにやりこめるのではなく、むしろそれを学習の機会として利用することだ」

「それはとても良い考え方ですね」と私は言った。

「そうだね。さて、つぎに杖の二つ目の役割だが、それは境界線を引くことだ。

羊たちは群れをなす習性があるが、同時に、群れからはぐれやすいものだ」

「それはおかしいですね」私は反論した。「なぜ、自分の習性と反する行動を取るんです？」

「テッド、彼らは自分からはぐれたいわけじゃない」教授は説明した。「彼らは、つい目の前の草を食《は》むのに夢中になり、地面ばかり見ていがちだ。羊は、一四メートルまでしか視界が利かないんだ。だからもしある羊が、群れ全体が進むのとは別の進行方向を示されたなら、やがて群れからはぐれていってしまう」

私はそろそろ、教授の羊のたとえ話にうんざりしはじめていたので、ついこう言ってしまった。

「教授、こうした羊と人との比較がいいのかどうか、わからなくなってきました。だんだんばかばかしくなってきますよ」

ニューマン教授は笑って答えた。

「まあそう言いなさんな。テッド、いままでの人生で、そのときにはばかばかしいように思えたことが、じつは後になってとても大事だったということに気づいたことはないか？」

「ええ」私は答えた。「それはもう、認めたくないほどです」

「そうだろう。人の言うことは聞いてみるもんだ」

「わかりました。教授にしたがいます」と私は言った。「羊の話にもどりましょう」

「というより、羊飼いの話にな」と教授は言った。「もし羊が一匹、群れとは別の方向に進んでいたら、羊飼いは杖のまっすぐに伸びているほうで、肩のあたりを軽く叩き、その羊に、彼が間違った方向に進んでいるということを知らせてやるんだ」

私がキツネにつままれたような顔をしているのを見て、ニューマン教授はこうつづけた。

「この杖が長いのは、歩くのを支えるためではない。羊飼いの手の届く範囲を広げるために長いんだ。君がジェネラル・テクノロジー社に入ったら、部下に境界線がどこであるかをはっきりと知らせるのが君の役目だ。そして彼らがもしその線を越えたら、肩をポンポンと軽く叩いて、そのことを知らせてやるんだ」

「もし、それがうまくいかなかったら?」

「徐々に強めていくんだ」教授はそう答えた。「境界線を引くのは、個人のエゴを満たすためではない。それは実用性および安全のためだ。全員が団結して協力しなくては、チームはミッションを達成することができない。それればかりではなく、手の届かないところへはぐれていってしまった部下の安全は守ることができない。境界線とは悪いものではなく、むしろ良いものなんだ。少なくとも、それを拘束《こうそく》と混同しなければ、だが」

「言い換えれば」私は言った。「境界線は明確に示しつつも、そのなかでは好きにさせる自由を与える、ということですね」

「そう。まさにそのとおり」教授はあいづちを打った。「私たちは、馬を思いどおりに動かすために轡《くつわ》をつけるが、羊に対してはそうはしない。新しいマネジャーは、つい部下たちをがんじがらめに管理しようとしてしまうものだ。彼らは、チームワークとは、みなが同じやり方をすることだと考えている。もちろん部下たちがあまり遠くに逸脱したり、先走ってしまわないように目を配らなくてはいけないということはあるのだが、同時に監禁されているように思われてもいけない。方向性の提示や目標の設定はしなくてはいけないが、どうやってそこまでたどりつくかは、彼らにまかせてしまうことだ。もし彼らが道をそれたら、そっと肩を叩き、そのことを知らせてやるんだ」

「もしそれでもダメなら、だんだんと厳しくしていく」私は言葉をついだ。

「そう、だんだんとな」ニューマン教授は私の言葉をくりかえした。

「しかし、これはほんとに興味深い杖ですね」

その杖を使って立ち上がりながら、私は、まるでその使い方を知っているかのように、あたりを歩きはじめた。

「思った以上にいろいろな使い方があるんですね。ところであと二つの役目とは、いったいどのようなものなんですか？」

「これはただの杖だ」ニューマン教授は少しもったいぶった素振りをして、机ごしに私を見た。「だが、これは熟練した羊飼いが手にすると、とても多くのことができる」

「たとえばどんな？」

「杖の三つ目の役割は、立ち往生した羊を助けることだ」

「立ち往生した羊？」

「そうだ。どれほど君が優秀な羊飼いで、どれほど注意を配っていようと、羊たちはしばしば群れからはぐれる。初日、私の羊を君に見せたときのことを覚えているかね？」

「もちろん。忘れるわけがありません」

部下がどこまでやっていいのか、はっきりとした境界線を示し、その範囲内では自由にさせる

「君に最初に頼んだことは、何だったかな?」

私は少し考え、そして答えた。

「たしか、羊の数を数えろと……」

「そうだ」とニューマン教授は言った。「私ははぐれた羊がいないかどうか確かめたかったんだ。前に何度か、羊が、壊れかけたフェンスの下にもぐりこんで、そこから逃げたことがあるんでね」

「そのときは、どうしたんですか?」私はたずねた。

「そりゃ、探しにいったさ」教授は答えた。「前にも言ったように、羊はとてもデリケートな動物だ。一歩牧場の外に出ると、たくさんの危険が彼らに降りかかる可能性がある」

「ほかの肉食動物ですか?」私はあれこれ思いをめぐらせた。

「それもある。あるいは、どこかにはまりこんで抜けられなくなってしまうかもしれない。私はこれまで、岩の裂け目にはまりこんだり、低い立ち木に毛がからまって動けなくなってしまった羊たちをたくさん見てきた。

もし私がはぐれた羊たちをすぐに発見することができなければ、彼らは容易に脱水症状を起こしたり、君の言うようにそれこそほかの動物の餌食《えじき》になってしまうかもしれない。だから、もし羊がいなくなったら、杖を持って探しにいくんだ。そしてそいつを見つけたら、杖の曲がったほうを使って彼らをひっぱりだしてやるんだ。ときには何時間も、迷った羊を探すこともある」

「もし雨が降ったら？」私はさらにたずねた。

「雨など関係ない。彼らは私の羊だ。彼らの健康管理や身の安全を守る責任はすべて私にある。だから、彼らに何か問題が起きたときには、駆けつけて助けるのが当然だよ」

ニューマン教授のこのせりふを聞いて「みな、彼のもとで働くことを望んだだろうな」と私は思った。私のなかでニューマン教授に対する尊敬の思いがだんだんと高まっていった。

「これと同じことが、人にも言える」教授はつづけた。「どれだけ部下たちをまとめようと努力し、先頭に立って正しい方向に彼らを導いても、かならず何人かは脇道にそれたり、問題を起こしたりするものだ。私がかつていた職場でもやはりそういう問題はあった」

ニューマン教授は昔の思い出を嘆くように首を横に振った。

「それが君にも起きたとき、つまりGT社で君の部下たちがそのような問題にはまってしまったら、真っ先に出ていき、それを解決するのが君の役目なんだ」

「それは、いったいどんな種類の問題なのでしょうか?」私はたずねた。

「ありとあらゆるものだ」と教授は言った。「オーダーを間違えたり、取引先を怒らせたり、大事な顧客をぞんざいに扱ったり、職務権限を踏み越えてしまったり……それはもう、よくもそんな問題を起こすものだと感心してしまうほどのものもある。

彼らをこれらの問題から救い出すも出さないも、すべては彼らの羊飼いである君しだいだ。だが、もし君が手を差し伸べてそうした問題を解決したら、彼らの君に対する忠誠心や、君に寄せる信頼の大きさには、きっと驚かされるものがあるはずだ」

私の頭は、このなにげない一本の杖が教えてくれるいろいろなレッスンでだんだんいっぱいになってきた。しかしまだ終わりではなかった。

「そして最後に、この杖が意味する、四つ目のリーダーシップの役割について話をしよう」

「わかりました」私は杖を彼の机の上に置き、自分の椅子を引きながら言った。

「この杖は、羊を安心させる役割をも担っている」彼はきっぱりと言った。

「それは結構なことだと思いますが……」私はつづけた。「でも、どうやってこの棒きれで羊たちを安心させるんです？」

「この杖で、だ」ニューマン教授は言葉を正した。

「あ、すいません。この杖で」私は彼にならった。

「いくつかの方法がある。たとえば羊飼いは、群れから一匹の羊を離して、彼のそばに引き寄せ、その杖で羊の背中や脇をやさしくなでてやるんだ。そうすることにより、彼らは、羊飼いがちゃんと自分を気にかけてくれていることを知る」

ニューマン教授はつづけた。

「羊たちを何より安心させるのは、信頼できる羊飼いが目の前にいることだ。私が子どもだったころ、牧場で一匹の犬がある雌羊に襲いかかったことがあった。私が急いで駆けつけたので大事にはいたらなかったが、それでもその羊はいくらか傷を負ってしまった。

事件の後、私は群れを導くとき、その傷ついた羊に、自分は守られているということがわかってもらえるよう、しばらくそばについていてやっていた。そうすることで、私は彼女を守っているということを伝えようとしたんだ。そうして数カ月経つころには彼女の傷も癒えたのだが、その後もこの羊はよく私のところまで寄ってきて、私の足に頭をすりよせたものだよ」

ニューマン教授は私に視線を落とし、じっと見ると、また話をつづけた。

「良いリーダーは、部下たちをつねに元気づけることを忘れない。テッド、君も将来きっと、傷ついた部下をそばに置き、君がサポートしていることを彼に知らせることが最良のリーダーシップであるということを知るときがくるだろう。

おそらく彼は、帳簿のとんでもないミスを冒して、自信を失っているかもしれない。そんなとき、ポンポンと肩を叩き、このテッド・マクブライドのもとでは一度や二度の間違いは致命的なものにはなりはしないということを知らせてやるんだ。そうすれば君の部下たちは、間違いなく君についていきたいと思うようになる」

そう言うと彼は机の上の杖を手に取った。

「まだ何か質問はあるかね?」

「いいえ」私は答えた。「今回のレッスンはとてもおもしろかったです。今晩、考えるのに十分な材料ができました」

「それはよかった。私も採点しなきゃならんレポートが山ほどある」

ニューマン教授は、壁の留め金に杖をそっともどすと、それに敬意を払うように、一、二歩下がってじっと眺めていた。

そして、

「ガラクタにしては、たいしたものだ」

とつぶやいた。

その晩、私はアパートにもどってノートを振り返り、このリーダーシップの象徴である羊飼いの杖の意味をじっくりと考えてみた。今日のレッスンから、つぎのことを私は学んだ。

羊飼いの知恵 その❺

杖でそっと彼らを導く―― 人を導く四つの方法

・明確な目標を定め、自らが先頭に立ってチームを導く
・自由を与えながらも、境界線は明確に示す
・立ち往生している部下には、手を差し伸べる
・失敗で落ちこんでいる部下を励まし、元気づける

第 6 章

毅然とした態度で守る

本気で怒らなくてはならないときがある

卒業が近づくにつれ、ニューマン教授とともに過ごせる日々も残り少なくなってきた。

この数週間で私が学んだレッスンは、きっと今後の人生でずっと生きるにちがいない。偉大なリーダーシップの真髄は、じつは羊飼いの知恵のなかにあったのだ。

ニューマン教授は、私に教えようとしている哲学を自ら実践していた。彼はつねに私たちに最善をもとめ、手を抜くことを一切認めなかった。事実、私たちの答案用紙は、いつも真っ赤になって返ってきた。彼は、私たちに全エネルギーを注ぎ、だれよりも私たちの成功を願ってくれていた。

気がつくと私は、彼と過ごす時間をとても待ち遠しく思うようになっていた。教室の外で、彼のようなすばらしい人と会話ができるなんて、なんてすてきなことだろう。早くつらい勉強から解放され、卒業式の日を迎えたかったが、一方ではこのジャック・ニューマンとのセッションがなくなるのを残念に思っていた。

つぎのレッスンのテーマが何であるかは、だいたい想像がついていた。私たちは、つぎの土曜の朝十時ごろ、校内の広い空き地で落ちあった。その場所は荒れ果てていた。期末試験をほんの二、三日後に控え、ほかの生徒たちはみな、勉強していたか、寸分を惜しんで睡眠をむさぼっているかのどちらかだった。

「やあ、おはよう、テッド」ニューマン教授は歩きながら、私に声をかけた。

「おはようございます、教授」答えながら、私は彼が手にしている短い棒のようなものに気づいた。一週間前、彼の事務所で見たものだ。

「教授、その手の棒、見覚えがあります」

「これは、イウィシだ」とニューマン教授は言った。

「イ……なんですって？」私は声を上げた。

「イウィシと言ったんだ。もっとも、ほかにもいろんな呼び方があるがね。アフリカではそう呼ばれている。かの地では、羊飼いや黒人の戦士たちが昔これを使っていたんだ。またアイルランドでは、ノブケリーと呼ばれている。中東ではシベットだ。これは羊飼いが持つ棍棒だ。大陸によって名前は変われど、使い方には変わりはない」彼はそう言いながら、その棒を私に手渡した。

私はそれを受け取ると、手にとってしげしげと観察した。長さは四五センチくらいあり、柄の部分は滑らかで、もう片方の端には大きな握り玉がついていて重い。

「これは土に埋まっている根っこを切ったものだ」とニューマン教授は言った。

「この端の握り玉は、木の根っこの大きなこぶの部分だ。ここが、武器にもなりうる。また、遠くに飛ばすときにも役立つんだ」

「遠くに飛ばす？」私はたずねた。「どういう意味ですか？」

するとニューマン教授は、私の手からその棒を取り、振りかぶると、思いきり放り投げた。それは空に弧《こ》を描いて驚くほど遠くへと飛び、空き地の反対側へと落ちていった。

「すごい！」私は驚きの声を上げた。「あんなに飛ぶなんて！」

「なに、たいしたことはない」教授はこともなげに言った。「本場アフリカの羊飼いは、もっとすごいさ。こんにち、私たちは群れを守るためにライフルを使うが、世界のどこかでは、羊飼いたちはいまだにこれを使っている。彼らはピンポイントの正確さでこれを投げることができる。熟練した羊飼いが使えば、これはきわめて効果的な道具になるんだ」

彼は、その棒を拾いに一緒に来るよう、私を手招きしてうながした。

「先週、熟練した羊飼いが、どのように杖《つえ》を使って群れを導くかについて話したと思う。またジェネラル・テクノロジー社におけるリーダーとしての君の責任についてもたしか話したな」

「はい、そうでした」私は答えた。「無理やり押しつけるのではなく説得すること、そして自由にさせながらも境界線はしっかりと示すこと……。さらに、もし部下に何か問題が起きたら、真っ先にそこに駆けつけ、彼をサポートするのがリーダーの役目だと……」

私は大げさにそらんじて見せた。というのも、彼に、私が覚えていることを証明したかったからだ。

「よろしい。よく覚えているね」彼は言った。

「はい。ありがとうございます」

すると彼は、さきほどの棍棒をじっと見つめ、こう切り出した。

「今日は、あまり楽しくはないリーダーシップの側面について話さなくてはならない」

「実際にその棍棒を使うという話ですか？」私はおそるおそるたずねた。

「そうだ」彼はうなずいた。「杖は、人々をリードする道具の象徴だが、棍棒は彼らを軌道修正するための道具だ。新人のマネジャーは、この使い方をつい間違ってしまう。こいつは使いすぎても、部下の気持ちを引き寄せることはできないが、逆にまったく使わなくても、彼らから尊敬されなくなる。テッド、こいつの使い方を誤ってしまったら、君は信頼されるリーダーにはなれないだろう」

さきほどの棍棒の落下地点に着くと、ニューマン教授はしゃがみこんでそれを拾い上げ、私に差し出すとこう言った。

「つまり、部下の気持ちをつかめるかどうかは、この棒の使い方ひとつにかかっているんだ。どれ、その使い方について少し話すとしようか」

私たちはその場に座り、そのまま教授のレッスンがはじまった。

「この棍棒は、杖と同じように、羊飼いの手の代わりとなる。羊飼いは、この棒を三つの用途に使うんだ。まず一つ目は、羊たちを狙うほかの肉食動物から彼らを守るために使う」

「どんな種類の動物ですか？」私はたずねた。

「そうだな、場所にもよるが、一般的にはコヨーテや野犬、狼……ときにピューマのこともある」

「ということは、この棒を振りかざしてピューマに向かっていくんですか？」私は、まさかという思いをこめて聞いた。「そのためには、よっぽど相手に近づく必要がありますよ」

私は、あらためてその棍棒の短さに気がついた。

「ほほう、さすが鋭い観察力だね」教授は笑みを浮かべて言った。「羊飼いたちは、多くの場合、投石器《スリング》を持ち歩いている。敵を威嚇《いかく》するために、まずはそれを使って小さな石を飛ばすのだが、それでも敵がひるまなければ、群れを守る最後の頼みの綱は、この棍棒しかない。肉に飢えた外敵と羊のあいだに立つものは、唯一この棍棒を手にした羊飼いだけだ」

「それは、危険ではないのですか?」私は言った。「その、羊飼いにとって」

「たしかに彼にとって、それは恐ろしいことにちがいない。しかし勇敢な羊飼いは、群れのために相手に立ち向かう。真のリーダーなら、同じことをするはずだ。君もおそらくGT社でそうするだろうと私は疑わないが」

「そう思っていただけて光栄です」私は答えた。「しかし、具体的にどうすればいいのでしょう?」

「GT社の君の部下たちはいつか、不安や恐れを感じるときが来るはずだ。そうした不安は、彼らを取り巻く環境の変化が招くこともあるかもしれないが、たいていは部外者がもたらすものだ。いつかきっとだれかが、君の部下に向かって怒鳴り声を上げるときが来る。いまはまだピンと来ないかもしれないが、まあかならずそのときは来るから、待っていたまえ」

ニューマン教授は、遠くを見るような目をした。少し間を置いて、彼はつづけた。

「いまでも覚えているよ。このテキサス大学に来るずっと前のことだ。私はある企業で、リスク分析を担当する部門の責任者として働いていた。そこでは社内の契約・取引を分析し、それらが会社にとってリスクが高すぎないかどうかを検証するのが仕事だった。だがひとつ厄介だったのは、私たちは、同じ社内のほかの部門の取引を検証しなくてはならないということだった。

あるとき、営業部の担当者が、七カ月もかけてひとつの契約を取りつけてきた。彼はきっと、それが成約したときのボーナスをあてこんでいただろう。しかし私のチームの部下は、リスクが高いと判断し、その契約にノーをつきつけた。するとその担当者は頭に来て、私の部下に怒りをぶちまけてきた」

「どういうふうにですか?」私はたずねた。

「彼は狂った犬のように、ものすごい剣幕で私たちの部署に乗りこんできたんだ。そして、部下の目の前で、怒鳴りはじめた。あんなにひどい言い方は聞いたことがなかったよ。その男は彼女より三つほど年上だったにすぎないのに、彼のやり方は少し度を超していた。彼女は公の場で恥をかかされただけでなく、さらしものにされたも同然だった」

「それで、教授はどうされたんですか？」

「このときこそ私の出番だった。私は彼女を守る羊飼いであることを身をもって示すため、この騒動のあいだに割って入った。すると今度はその男は、彼女と私とに交互に食ってかかってきた」

「それで、彼の怒りは収まったんですか？」

「いや、最初はだめだった。しかしそのうちに彼は、私だけに向かって怒鳴るようになった。もちろん、それが私の狙いだったんだ。私は部下の身代わりになろうと決めていた。そうして、やがて彼が少し落ち着いてから、私は彼を私の部屋へと連れていき、そこで私は彼に例の棍棒を使った」

「その棒で彼を殴ったとか？」

「いや、そうではない」ニューマン教授は笑った。「私は、はっきりと彼に伝えたんだ、もし私のメンバーとのあいだに平和的に解決できない問題があるなら、私のところへ直接来いと。この事件の後、社内の人間が、私の部下に対する攻撃的な言動は、すなわち私との直接対決を意味するということを理解するのに、そう時間はかからなかった。

もちろん、そうしたほかの部の社員からの不満のなかには、もっともな理由によるものもあった。そういうときは私が代わりにその非難を受け、その後で間違いを冒した部下のところへ行き、二人だけでその問題を解決した」

「きっと、教授の部下たちはとても感激したでしょうね」私は言った。

「そうだといいのだが」ニューマン教授はうなずいた。「なによりこの一件は、彼らに安心感を与えた。彼らは、私が彼らを本当に守ってくれると知って、安心したはずだ」

「いままでそんな上司の元で働いたことなんてありません」私は、そう認めざるをえなかった。「私のかつての上司は、決して私たちをかばってはくれませんでした。たとえば利益目標に届かなかったとき、彼は上司に私たちの失態を報告し、そして今度は私たちに向かって、彼の上司たちのことを『彼らにリーダーシップがないせいだ』と非難していました」

「それは最悪だ」とニューマン教授は言った。「そんなことではとても良いリーダーとは言えないだろうな。両方に良い顔をしようとするリーダーほど、チームの士気をそぐものはない。テッド、もしGT社で君の部下が攻撃されたなら、君は彼らの前に立ちはだかり、彼らには『自分たちを守ってくれる、頼りになるリー

部下に災厄が降りかかったら、全力で守る

ダーがいる』ということを示してやる必要がある。そうすれば、部下たちはきっと君を慕うようになる。そればかりではない。もし君が彼らのために立ち上がれば、だれかが君を攻撃しようとしたとき、今度は彼らが立ち上がってくれるようになる」

私はしばらくのあいだ、その姿を自分に置きかえてイメージしてみた。

「さあ、そろそろつぎのテーマに移ろうか」ニューマン教授は言った。「さっきの棍棒は、羊を外敵から守るほかにも使い道があるんだ。羊飼いは、羊たちをその羊自身から守るためにそれを使うこともある」

「羊自身から、ですか？」私は言った。「なぜそんなことが必要なんですか？」

「それは、ときに羊は、何が自分たちのために良いのか、わからないことがあるからだ」彼は答えた。「その結果、羊たちは自ら自分を危険な目に遭わせてしまう」

「それはなんと愚かな」私は言った。「羊がものすごく賢い動物だとは思いませんが、少なくとも何が自分たちに良いか悪いかぐらいはわかるはずじゃ……」

ニューマン教授は呆れたような視線を私に投げかけた。

「テッド、君はいままでに、いったん決めた自分の決断を、後になって悔やんだことはないか?」

その答を考えるのに、そう長くはかからなかった。

「それはたとえば、ただダラスに住むガールフレンドに一刻も早く会いたいがために、夜の十時に雨が降るなかフェニックスを発ち、千キロ以上、二十時間ぶっつづけで走り通すようなことでしょうか?」私はたずねた。

「そうだ」

「そ、そんなバカなことはしたことがないです」私は嘘をついた。「さあ、羊の話にもどりましょう」

ニューマン教授は笑いを押し殺しながらこうつづけた。

「羊が、自分の身や群れそのものを危険にさらすようなことをしかけたとき、羊飼いはその棍棒を、注意をうながす道具として使う。たとえば、ある羊が群れからそれたり、毒のある草を食《は》みそうになるのを見つけたら、彼はその棍棒を羊めがけて思いきり投げつけ、群れにもどるように、あるいはその毒草から離れるようにうながすんだ」

「でも、先週、羊飼いは、杖を使ってやさしく助けると教授は教えてくれたと思いますが」私は、あの棍棒の一撃は、どれほど痛いだろうかと想像しながら言った。

「たしかに。そのとおりだ」と教授は言った。「羊飼いは、第一に、彼の群れがトラブルに巻きこまれないように最善を尽くす。しかし、羊が群れから遠くそれてしまったら、手持ちの杖では、その羊まで届かない。そんなとき彼にできる最善の策は、棍棒をそいつめがけて投げ、もどるサインを送ることなんだよ」

私がうなずくのを見て、教授はさきをつづけた。

「羊飼いが杖でなく棍棒を使う場合については、もう一つ理由がある。それは君もジェネラル・テクノロジー社に入ったら、よく理解できるようになるはずだ」

「それはいったい、どんなことですか？」私はたずねた。

「君がマネジャーとしてのキャリアを積んでいくうち、やがて、部下がどのようなやり方をしたら、問題を起こしてしまうかが直感的にわかってくるようになるはずだ。しかし、人は羊同様、ときに頑固で言うことを聞かない。そのことを君が忠告しても、まったく耳を貸さない者もいる。つまり、杖でそっと押したくらいでは効き目がないのだ。そのときこそ、君が棍棒を使うときだ」

「それは痛みを伴うものです」と私は言った。

「しかし、ほんの一瞬の痛みのほうが、彼らの身を危険にさらすより、よほどマシだ」

「私は、羊のことを言ったのではありません。自分のことです」

「そいつはおもしろいな」

「べつにふざけてるんじゃないんです」私は説明した。「だれかを厳しく律さなくてはいけないなんて、あまり気が進みませんよ」

「それはそうだ」と彼は言った。「君がこの考えを好きになれない理由の一つは、その効果をまだ理解していないからだろう。規律については、たくさんの誤解がある。それはだれかをどこかに閉じこめたり、これでもかというほど叩くことではない。また、最後通告をして、できなかったら罰《ばつ》を与えるということでもないんだ」

「だとしたら、いったい何ですか？」

「それは、軌道修正のためのものだ。相手と個人的に向き合い、『ほら見てごらん、目の前に橋がある。気をつけてくれ、君に怪我《けが》してほしくないんだ』と伝えることなんだよ。わかるかい？　厳しい態度を取るのは、彼らに危害をくわえるためではない、危険から守るためなんだ」

「それを聞いて安心しました。でも、正直に言うと、いままで何度か叱られたことがありますが、どれもいやなものでした」

「大事なのは」ニューマン教授は説明した。「相手を一方的に叱りつけることではなく、良い方向へと導いてやることだ。そしてそれは、どうやって会話を進めていくかにかかっている」

「なるほど。それで、どうやって話せばいいんでしょうか?」

「物事を教えるチャンスとして、会話を進めていくんだ」ニューマン教授は答えた。「実際、規律を意味する discipline はラテン語では discipulus と言って……」

(ラテン語だって! 期末試験まで一週間なのに、頼むからこれ以上知識を詰めこまないでくれ!)と私は心のなかで叫んだ。しかし、教授は言葉をつづけた。

「そこから生徒、pupil という言葉が生まれたんだ。規律とは、罰を与えたり相手をけなしたりすることではない。それは教える、つまり指導することだ。いまのやり方をつづけるとどうなるのかを前もって示し、そして彼らが本来進むべき方向に導いてやることだ。

だから、彼らの失敗を責め立てることとはまったくちがう。つまり、羊飼いが群れを離れた羊めがけて棍棒を投げるのは、お前のことをいつも見ているよ、という表れなんだ」

「そう説明してくだされればわかります」私はほっと胸をなでおろした。「でも、それでも彼らが言うことを聞かなかったら？」

ニューマン教授は、深いほほえみを私に投げかけた。

「彼らはきっと君の言うことを聞く――もし彼らが君を買っていれば、ね」

私はその言葉の意味をしばらく考えた。

「そうだといいのですが」彼に返事をするというより、自分自身に言い聞かせるように私は言った。

「テッド、もし彼らが君を信頼していたら、彼らは君にしたがうはずだ。君が、彼らを守るために棍棒を使っていたなら、それを使って彼らをしつけようとしたときにも、彼らはきちんと君の言うことに耳を傾け、君を尊敬するはずだ」

「つまり、彼らの心はさほど傷つかない、ということですか？」私はたずねた。

「君のしつけが彼らを傷つけないとは言っていない」ニューマン教授は答えた。

「だれでも自分が間違っているなどとは、指摘されたくないものだ。しかしもしそのメッセージが、自分が心から信頼し、尊敬できる人からの言葉だったら、彼らはそれを、まるで信頼できる友人からの忠告のように、喜んで受け入れるはずだ。だがそのためには、まず、君が信頼に値する人物であることを示さねばならない」

ニューマン教授は、しばらくのあいだ、私に少し考える余裕を与えてくれた。そしておもむろに口をひらいた。

「さあ、もどろう。今度は、この棍棒の第三の使い方に話を移そう」

一緒に駐車場まで歩きながら、ニューマン教授は話しはじめた。

「まず第一に、棍棒は彼らを守る責任を意味する。そして第二に、彼らを軌道修正する役割を示す。そして第三には、彼らを注意深く見守る責任を表すんだ。テッド、先週、杖の持つ役割について話したが、羊飼いの朝いちばんの仕事は、囲いから群れを外に出し、新鮮な草が生えている牧草地まで連れていくことだった。覚えているかね?」

「ええ」私は答えた。

「よろしい。そして一日の終わりには、野宿のため、羊たちを安全な場所に野営させる。その場所は洞穴や、羊飼いがこしらえた囲いのこともある。その際羊飼いは、柵の入り口に立ち、なかに入れながら一匹ずつ羊を数える」

「私に当てさせてください」私は口をはさんだ。「つまり、この棒で数えるんですね」

「そのとおり」とニューマン教授は言った。「古い時代には、それは『羊の棒くぐり』と呼ばれていた。羊飼いは、羊の数を数えながら、その棒を使って毛を少しだけちぎり、彼らの健康状態を細かく観察していた。羊の毛はな、伸びれば伸びるほど羊の体を隠していくから、彼らの健康状態を見分けにくくさせるんだ。ほら、〝羊の毛にごまかされるな〟という言い回しを知っているだろう？」

「ええ、もちろん」

「その表現は、ここから来ているんだ。君は、ジェネラル・テクノロジー社で、部下の仕事ぶりをつねにチェックしなくてはならない。それはすなわち、羊の毛をつまんで、彼らがどんな様子かを細かく観察するようなものだ。以前のレッスンで、病気や足の不自由な羊が、ほかの動物に襲われないようそれをごまかそうとすることは、すでに話したと思うが……」

「はい、それは伺いました」

「それと同じことが人にも言える。たとえば会議などで指示を出すと、だれもみな黙ってそこに座り、さも理解しているかのようにうなずいているのに、会議が終わると、裏でコソコソとたがいを突っつきあい、言われた指示の内容を確認しあっているなんてことはよくあることだ。つまり、みんなわかっていないことがあっても、弱みを見せないよう、わかったふりをしているんだ。

君の役目は、そうした部下たちの状況をしっかりとチェックすることだ。君には彼らを育てる責任があるんだ」

「そのやり方について、何かアドバイスをいただけませんか？」私はたずねた。

「それは、実際に仕事をしながら学んでいけるはずだ」と彼は答えた。「これは時間さえかければ、それほど難しいことではない。定期的に、何かできることがないか、また聞きたいことはないかと彼らに声をかけるんだ。ただ座って『何かあったら私のところに来たまえ』と構えていても、じつは問題を抱えている者こそ、そうした呼びかけに反応しないものだ。ちょうど、足を悪くした羊が、目立たないようにほかの羊に混じって歩けるふりをするのと同じだ。テッド、羊の毛をちぎるように、部下たちの状態をきちんと見極めるのが、君の仕事なんだ」

教授は、私がその言葉の意味をしっかりと呑みこむのを確認してから、ゆっくりと口をひらいた。

「そのことについてもう一つ」

「何でしょうか」

「部下に仕事の状況をたずねたとき、何も助けなどいらないようなふりを見せる者がいたら、それは彼が君をまだ十分に信頼していないか、あるいは君がその彼に十分なタスクを与えていないかのどちらかだ。もしそれが後者なら、いま一度彼に与えている仕事内容をしっかり吟味《ぎんみ》する必要がある。そのままでは、上司がわざわざ部下の成長を妨《さまた》げているようなものだ。そんなことが起きないよう、よく状況を把握《はあく》しておくことだ」

「後者のことはよくわかりました」私は答えた。「ではもし、前者だったら？」

ニューマン教授は空き地を歩きながら私の肩に腕をまわした。

「ここ数週間、私たちが話してきたことを実行するんだ」そう彼は言い切った。「それでも君を信頼しなかったり、ついてこなかったりするようなやつのことは気にしなくていい。さあ、そろそろ学校にもどろう。私も期末試験をつくらねばいかんからな」

「大変ですね」

「たしかに骨が折れる仕事だが」教授はにやっと笑った。「でもこれが君たちの状態を調べる、私なりの方法なんでな」

「それはそれは、恐縮です。ちなみに、その試験対策には何をしておけばいいでしょうか？」

私は、わずかでも出題範囲を探り出せれば、との淡い期待を胸に、そう質問してみた。

「そうだな」ニューマン教授は答えた。「最初から最後の授業までのあいだ、クラスで話したことをすべて復習するといい」

「それはどうも。おかげで明確になりましたよ」私は皮肉混じりに言った。

「どういたしまして」彼は笑った。「ところでテッド、今度の土曜の夜は何か予定があるかね？」

「土曜というと、試験の後ですよね？　いえ、何も。おそらく、ぼろぼろになってぶったおれているかもしれません」

「そうではないことを祈ろう。いや、ほかでもない。妻と二人で君を夕食に招待しようと思うのだが、どうだね、夕方五時くらいでは？」

私はにっこりとほほえんで、大きくうなずき、喜んでその申し出を受け入れた。それは願ってもないことだった。

その晩、試験勉強をはじめる前、私はこれまで書きためた「羊飼いの知恵ノート」を振り返ってみた。

ノートのページは残りわずかになりつつあった。私は新しいページをひらくと、今日、ニューマン教授から学んだことを書きくわえた。

羊飼いの知恵 その❻

毅然とした態度で守る――本気で怒らなくてはならないときがある

・部下が非難されそうになったら、自ら矢面《やおもて》に立つ
・失敗は「学びの機会」としてとらえる
・定期的に「問題はないか」と声をかける

第7章

羊飼いの心を身につける

リーダーにいちばん大切なもの

夕食のころには、太陽はもう西の空に低く沈みかけていた。私はやっとの思いで期末試験を乗り切り、もう身も心もヘトヘトに疲れはてていた。が、それと同時に解放感でいっぱいだった。

二年にもわたるつらく苦しい勉強、高額の授業料、数え切れないほどの講義、レポートを書くために犠牲にした睡眠時間、与えられた課題の解決、そして度重なるテスト……。これらを乗り越え、ようやく私のＭＢＡコースは終わりを迎えようとしていた。卒業式はいよいよ二日後だ。私は何とかこの試練を乗り越えたのだ！

しかし同時に、ある種の寂しさも感じていた。この二年間、ともに過ごしたクラスメートたちとは、もう二度と同じように顔をつきあわせることはないだろう。「戦いをともにした仲間は、強い絆《きずな》で結ばれる」とよく言われるが、それは事実だと思う。

私のクラスメートは、世界中のあらゆる地域や階層から集まっていたが、たしかにおたがいに強い絆が生まれていた。私たちは、ともに地獄のようなプログラムを生き延びたのだ。

この二年間、たくさんのものを得たが、同時に多くの犠牲も払ってきた。「本当にこの選択は良かったのだろうか」――最近、よくそんなことを考えるようになっていた。だがその悩みも、この晩ニューマン夫妻から夕食に招かれたことで、ほぼ吹っ切れたかたちとなった。どの生徒も、クラスルームで教授とのあいだに感じる親近感は、本物ではないことを知っている。それはあくまで、授業のなかだけの関係なのだ。大学教授は、いわば公人である。そんな人から自宅での夕食に招かれるということは、いわば聖域に入ることを許されたようなものだ。それも、私が最も尊敬するニューマン教授の家に招かれるなんて、これほどうれしいことはなかった。

彼の自宅のベランダで、私たちはすばらしい夕食を楽しんだ。その後、ニューマン教授と私は、食後のコーヒーを飲みながら、これまでのことや今後のことに思いをめぐらせていた。

「卒業おめでとう。本当によくがんばった。君を誇りに思うよ」ニューマン教授はそう言った。

「ありがとうございます」私は礼を言った。「今晩、私も誇りに思うことがいくつかあります。わが国で最も優れたビジネススクールのひとつに入学でき、そしていま卒業することができたこと。またクラスメートの一員として認められ、なんとか乗り越えられたこと。しかし、最も誇りに思うのは、教授、あなたの授業を受けられたことです」

「ありがとう、テッド。そう言ってくれてとてもうれしいよ。私も君がいてくれて良かったと思う」

「それともう一つ」私はつけくわえた。「教授の申し出を断らず、土曜日を空けて、本当に良かったと思います」

その場で私たちは、しばらくのあいだ、教授と生徒が一緒に何かを成し遂げたときだけに感じられるある種の満足感を味わっていた。

「本当に信じられません」私はようやく口をひらいた。

「何がだね?」ニューマン教授はたずねた。

「本当にすべてが終わったんですね。授業の初日、自分が、いったい何という世界にまぎれこんでしまったのか、また本当にうまく切り抜けられるのかと不安に思いながら席に座っていたのが、まるで昨日のことのようです。それがもうすべて終わりだなんて」

こみあげてくるものを抑えながら、私は視線を床に落とした。

すると、ニューマン教授は立ち上がり、コーヒーカップをテーブルに置くとこう言った。

「どれ、ミスター・マクブライド君。ＭＢＡプログラムは終わったかもしれんが、私のプログラムはまだ終わってないよ。あと一つ、レッスンが残っている」

「そんな、ご冗談を」私はぽかんとした顔をしながら、啞然《あぜん》として彼を見た。

「いや、冗談ではない」彼は答えた。「ちょっとおたがいセンチメンタルになりすぎたかもしれん。どれ、散歩がてら羊の様子を見に行こうじゃないか」

見晴らしのいい丘の上に建つ教授の牧場の家からは、敷地全体を見渡すことができ、丘のはるか下のほうには、彼が大事にしている羊の群れも見えた。羊たちは、池のそばを静かに流れる小川のそばで、青々と茂った草を食《は》んでいた。その絵のように美しい光景は、まるでこれからはじまる、「羊飼いの知恵」の最終章を演出する舞台背景のようだった。

「テッド」ニューマン教授は言った。「これまで私は、君とリーダーシップの真髄を分かちあってきた。しかし、あと一つだけ、まだ話していないことがある」

「どんなことでしょうか？」

「それは、リーダーシップを手に入れるために費やさねばならない対価についてだ。リーダーシップは、そうやすやすと手に入るものではない」

「たとえば、どんな犠牲を払わなくてはいけないのでしょう?」私はたずねた。

「君の時間、エネルギー、そして情熱だ。テッド、これは君のすべてを費やすことと同じだ。これまで私が話してきたのは、マネジメントのスキルではなく、ほぼそれに取り組む姿勢についてだ。そして何よりも、羊飼いの知恵とは、群れを大事にしながら生きる羊飼いの生き方そのものなんだ。

テッド、もし君がGT社で立派なリーダーになりたいと思うなら、君もそれなりの代償を払わねばならない。もし部下たちが本筋からそれて問題を起こしたら、彼らを助けるのは君の役目だ。また、ときには棍棒を振り、つらくとも、あえて彼らを叱らなくてはならない」

彼はつぎのポイントを強調するために、深く息を吸った。

「優れたリーダーシップを実現するのは、そう簡単ではないが、それ以上に大事なのは、それは絶え間ない作業だということだ。人々をうまく導くリーダーは、それなりの努力をし、自分のエネルギーを費やしているんだ。このことをつねに忘れてはいけない」

「わかりました」

「もし君がその努力を怠ったら、君の部下たちがその代償を払うことになる」

「それは、どういう意味でしょうか？」私はたずねた。

ニューマン教授はしばらく考えてからこう言った。

「数週間前に見た、哀れな群れを覚えているかね？」

「はい」私は答えた。

「彼らの羊飼いは、彼が本来するべきだったことをしなかった。だから羊たちが、その犠牲になったんだ。だれかがかならず代償を払わねばならない。しかし、羊にはそれを決めることはできない。つまり、すべては羊飼いの心しだいなんだ。GT社で、君が人々のためにエネルギーを注がなかったら、その代償は部下たちに降りかかることになる」

ニューマン教授は私をまっすぐ見つめると、こうたずねた。

「テッド、人はなぜ、その代償を払いたがらないか、わかるかね？」

「その代償が明らかに高すぎるからでは？」

「答はイエスでもあり、ノーでもある」とニューマン教授は言った。「ミクロ経済学を覚えているかね？　人は、自分がそれだけの価値があると認めたものに対してのみ、その対価を払う。あの羊飼いがその対価を払わなかったのは、それが高すぎると思ったからではなく、彼が羊たちに置いた価値が低すぎたからだ。このような者は、ただの『雇われリーダー』にすぎない」

「雇われリーダー？」私はくりかえした。

「そう。ただ給料のためだけに働く人のことだ」彼は説明をつづけた。「彼らにとって羊は、カネを稼ぐ手段以外のなにものでもない。だが、私はちがう。私は心から羊たちが好きなんだ。これが大きなちがいを生む」

私は、この彼の言葉の深さを噛みしめた。しばらくのあいだ、私たちは何も言葉を発さなかった。やがて、ようやく教授が口をひらいた。

「この数週間というもの、私たちは、人々をいかに導くかについて多くを話してきた。だがテッド、私が君にいちばん伝えたかったのはこのことだ――羊飼いを羊飼いたらしめるものは、杖《つえ》や棍棒ではない、それはその心だ。平凡なリーダーと偉大なリーダーを分けるちがいは、部下のことを真に思う心があるかどうかなんだよ」

「まったくそのとおりだと思います。でも、具体的にはどういうことですか？」

「それは、人々をどのように見るかで、どう彼らをリードするかが決まるということだ」ニューマン教授は答えた。「もし、部下のことを心から思っていなければ、部下はたんなるコストや道具としてしか目に映らない。結果、彼らのために心底エネルギーを注ごうという意欲もわいてこない。そして、ただカネのためだけに働き、仕事のことだけを考え、彼ら自身に目をやることはまずない」

話をしながら、いつのまにか私たちは羊の群れの前まで来ていた。私たちが門のところにたどりついても、彼らは草を食むのに夢中で、こちらを気にする様子もなかった。

ニューマン教授は肘《ひじ》で私の脇腹をつつき、そしてこう言った。

「さあ、見ていてごらん」

彼はのどを鳴らして低い音を立てた。すると魔法にかけられたように、羊たちが牧場の四方から彼のもとに集まってきたのだ！　ニューマン教授はひざまずくと、彼らの耳のあたりをなでたり、頭を軽く叩いたり、横腹をかいてあげたりして、彼らをかわいがりはじめた。それだけでなく、彼は名前でそれぞれの羊を呼んでいた。

「おう、ブラックフット！　よしよし。ブラウンイヤー、調子はどうだい？」

ニューマン教授と羊たちは、本当に深い信頼関係で結ばれていた。最初の土曜日、彼らのことを「くさい羊」と言ってしまったことを私は恥ずかしく思った。

また、同じ日、道をふさいでいた羊の大群が、ただの邪魔者にしか見えなかったことを思い出した。

私はつい、自分の目的だけに没頭してしまう。なので、きっと会社に入っても、ときに部下たちを同じように邪魔者として扱ってしまうかもしれない……。そうならないよう、私は気を引き締めた。

ニューマン教授は、まだ群れとたわむれていた。明らかに両者ともそれを楽しんでいるようだった。

その姿からは、教授はただ仕事のためだけでなく、本当に羊たちを好きで面倒を見ているということがはっきりと見てとれた。

やがて彼がふと顔を上げ、私と目が合った。

「何を考えていたのかね？」ニューマン教授はそうたずねた。

「とても感動しました」私は答えた。「いったいどうやって羊を呼ぶんですか？」

教授は立ち上がった。

「舌の裏側を使って音を出すんだ。ほら、こうして……」

彼はもう一度、頭を少し低くすると、「ホーゥ」としわがれ声を発した。

「そう難しくはなさそうですね」

「そうだ。どれ、やってみるかね？」ニューマン教授はうながした。

「い、いや、そんな急にはできませんよ」私は慌《あわ》ててそう答えた。「ちょっと照れくさくて、気が引けます……」

「だいじょうぶだ、さあ」とニューマン教授は言った。「どんな羊飼いにも、自分なりのやり方がある。さっき見せたのは、私のやり方だ。ためしにやってみなさい。きっとできるから」

「そうですか……わかりました」私はしぶしぶ答えた。「でも笑わないでくださいよ」

「笑わないよ、テッド。どれ、やってごらん」

私は一、二歩下がり、少し頭を下げ、ニューマン教授がやったのと同じように声を出した。

「ホーゥ」

ニューマン教授はほほえみ、私のそばに来た。

「テッド、その調子だ。覚えるのが早いな。よし、じゃ今度は実際に羊を呼んでみたまえ」

「はい、望むところです」私は答えた。

「よろしい。ではこの牧草地の反対側まで行って、フェンスを背にして立ち、あたり一面にいる羊すべてに聞こえるように、はっきりと、大きな声を出すんだ」

「わかりました」私は言った。「できるかぎりやってみます」

私は、反対側のフェンスめざして歩きながら、ずっと呼び声を練習していた。まだうまくできる自信はなかったが、師の前で失敗したくはなかった。

「準備できました」私は所定の位置につくと、そう叫んだ。

「よし、テッド、叫んでみたまえ」

「ホーゥ!」私は自信を持って叫んだ。

羊は、何事もなかったように動かない。

「そう、それでいいんだ、テッド」教授が叫んだ。「もう一度だ」

「わかりました」私は答えた。「ホ――――ゥ!!」

それでも羊は動かなかった。

「テッド、悪くないよ」遠くでニューマン教授はそう叫び、そしてこちらに向かって歩きはじめた。「あきらめるな。今度はもう少し低い音を出してみるんだ」

私はうなずいた。

「ホ――――ゥ!!」

すると、二、三匹頭を上げ、こちらを見た。教授が牧草地のなかほどで、声を上げた。

「テッド、そうだ、いまのだ。その調子で、もう少し大きな声で叫んでみたまえ」

私は深く息を吸い、のどの奥を鳴らした。

「ホーゥ!!」

すると今度は、数匹が頭を上げ、首を私のほうへ向けた。ニューマン教授は私のすぐそばに立つと、こう言った。

「テッド、あと一歩だ。さあ、もう一度」

「わかりました」私は少し息を切らせながら言った。「ホ――オ――ゥ!!!」

するとどうだろう。牧草地のほとんどすべての羊が振り返り、私を見たのだ。しかし、数回まばたきをしたかと思うと、また頭を下げ、草を食みはじめてしまった。

「やっぱり、彼らは私のところへは来ませんよ」私はすっかりうなだれてそう言った。

「まあ、そうがっかりするな」教授は励ましてくれた。「少なくとも彼らは君のほうを振り返ったじゃないか。いや、たいしたものだよ」

彼の目は笑いすぎからか、少し涙が浮かんでいた。

「ニューマン教授、もしいま棍棒が手元にあったら、間違いなくあなたを叩いていますよ」私は一生懸命笑いをこらえながら、そう言った。

教授は目に浮かんだ涙をぬぐいながら言った。

「君ともう一緒に土曜日を過ごせないのは、寂しくなるな」

教授の笑いのネタになれて、とても光栄です」

「ふう」彼は息を整えながら言った。「夕食を腹いっぱい食べた後にするんじゃなかった。腹が痛いよ」

「教授、まだわからないのですが」私は言った。「なぜ、羊たちは呼んでも来なかったのでしょう？　教授と同じように呼んだのに」

ニューマン教授は顔いっぱいに笑みを浮かべると、こう言った。

「いや実際君のは、私よりうまかったよ。それだけじゃない。君の叫びは、いままで聞いた羊飼いのなかでいちばんだ」

「もう冗談は勘弁してくださいよ。真剣なんです。どうして教授のところへ来たように、私のところへは集まってこなかったんですか？」

「わかった、わかった」ニューマン教授は答えた。「羊のようにあまり賢くない動物でも、人の声は聞き分けるんだよ。羊は知らない人が呼んでも来ないんだ」

「それは、なぜですか？」

「その人を信じていいか、わからないからだ。テッド、君は世界一の羊飼いになれるかもしれん。だが、彼らが君を、自分たちの主《あるじ》だと認めないかぎりは、君は彼らにとってただのよそ者にすぎない。

これは大事なことだ。究極のリーダーシップとは、ただ進むべき方向を示せるかどうかだけにあるのではない。その方向に群れを動かせるかどうかにあるんだ。テッド、もしGT社で、君の部下たちが、君をリーダーだと思わなかったら、彼らが君に信頼を寄せることはないし、ついていくこともない。さっき羊が、私の声には反応したのに、君の声には反応しなかったのは、彼らが私を信頼できる羊飼いとして認めているからなんだ」

「なるほど。よくわかりました」私は言った。「私は自分がついていくに値する人物であるかどうか、日々彼らに見せつづけなくてはならないということですね」

「そのとおり。授業で話したのと同じことだ。リターンは、投資したものが元になる。もし君が部下から信頼や忠誠心を得たければ、まず君から彼らを信頼し、忠誠心を示さねばならない。もし君がいい加減なリーダーシップしか示さなかったら、彼らも適当にしかついてこない。しかし、もし君が彼らにすべてを費やし、彼らのことを本当に思っていたら、彼らは心から君についていこうという気になるだろう」

教授はしばらく眉をしかめて考え、そしてつづけた。

「テッド、もし私の成功に何か秘密があるとすれば、まさにこのことだ。私は会社で働きはじめたとき、カネだけのために働くような雇われリーダーには絶対になるまいと心に決めていたんだ。

私はここ数週間、これまで自分が学んだこと、そして知っていることのすべてを話した。後は、どんなリーダーになるかを決めるのは君しだいだ」

「ニューマン教授」私はきっぱりと言った。「私は、立派な羊飼いになります」

ニューマン教授はほほえんだ。

「そう言うと思っていたよ」

「ただの雇われ人には決してなりません」私は誓った。

「そうだ、君はそうなりはしない」

「ありがとうございます」私は言った。「でも、教授?」

「何だね?」

「どうして私がそうならないと思うんですか?」

部下を信頼してこそ、信頼されるリーダーとなりうる

私がたずねると、教授はゆっくりと口をひらいた。

「君が最初、私に『人を管理する方法を教えてほしい』と頼んだときのことを覚えているかね？」

「もちろんです」

「そのとき、私はなんと言ったかな？」

「たしか、卒業のときまで、すべての土曜日をこのレッスンに費やす気があるかと？」

「そうだ。私がそう聞いた理由の一つは、現実的な意味合いからだった。実際、私はとても忙しく、その時間しか取れなかったからね。

だがテッド、君は気づかなかったかもしれんがもう一つ、じつはこれはテストでもあったんだ。君が自分にとって貴重な休日を、本当にこのレッスンに費やす気があるかどうかを私は知りたかった。

もし君が、この羊飼いの知恵を学ぶためにそれなりの代償を払おうと思わないようであれば、現実にこの知恵を実践に移すことなど到底できるはずがないだろうと思ったんだ」

そのときはじめて私は、目の前にいるジャック・ニューマンが、私に、彼のすべてを注ぎこんでくれていたことに気づいた。

彼は私に、羊飼いの知恵を教える以上のことをしてくれた。彼は自ら、私にそのモデルを見せてくれていたのだ。そのことがわかった途端、彼への大きな感謝の思いがこみあげてきた。私が最も尊敬し、信頼する人物が、私を信じてくれたのだ。

ジェネラル・テクノロジー社で成功したい理由はたくさんあったが、そこにもう一つの理由が加わった。そう、このジャック・ニューマンを心から喜ばせることだ。

「これまで教えていただいたことに対し、なんと感謝をしていいのかわかりません」と私は言った。

「べつに感謝なんていい。私も楽しかったよ、とくに最後、丘で羊を呼んだときがな」

彼は手を私の肩に置いた。

「テッド、君にできることは、私が君に投資した分に見合う見返りを返してくれることだ。今回学んだことを実践し、そしていつかまた、この知恵をだれかにひきついでくれることを願っているよ」

「はい」私は答えた。「約束します」

羊飼いの知恵 その❼

羊飼いの心を身につける――リーダーにいちばん大切なもの

・その人の生き方そのものが、偉大なリーダーシップをつくる
・時間、エネルギー、情熱――これらを注ぎつづけること
・目標を示すだけではなく、目標に向かって群れを動かす
・信頼されるには、まずは自分が相手を信頼する

インタビューを終えて

「あれから四十五年が経ったよ、ペンタック君」

四十階の社長室から外を眺めていたセオドア・マクブライド氏は、こちらを振り返りながら言った。

「あの日以来、私は毎日、その約束とともに生きようと努めてきた。この会社に来た最初の日、私は自分自身を部下のために捧げようと決めたんだ。あの日ジャック・ニューマンと見た、哀れな羊の群れの姿が、いまでも鮮明に脳裏に焼きついているよ」

マクブライド氏は私のほうを見ると、つづけた。

「私は、自分のチームでは、絶対にあのようなことを起こさないと決めたんだ。そして、テキサスの丘の上でジャックが私に教えてくれたとおりのことをした。

あれから数十年、部下たちは、ほぼ彼が言ったとおりに反応してくれている」

「その結果は、だれの目にも明らかですね」

「そうだといいが」とマクブライド氏は言った。「幸い、わが社の社員は、みなとてもすばらしい人間ばかりだ。さらに、ここには『となりの青い芝症候群』は起きていない。わがジェネラル・テクノロジー社に応募してくる人材は、辞めていく者よりもはるかに多い。つまり、みな、ここで働きたがっているんだ。結果としてわが社は、アメリカのフォーチュン五〇社のなかでも、最も高い在籍率を誇る会社のひとつになった」

「そこにとても重きを置かれているようですが」私はノートを取りながら言った。

「ああ、もちろんだとも」マクブライド氏は答えた。「このことは当時ニューマン教授がいかに進んでいたかを示している。一九五七年当時、経済の中心は製造業で、市場は製造ラインや標準化などの話題で持ちきりだった。そのころ、人々はまだそれほど生活の質など気にしていなかったんだ。しかしこんにち、私たちはサービス業や情報産業のなかに生きている。つまり、ものをつくっているわけではなく、仕事のやり方や情報の使い方がものをいう。結果として、企業の価値の多くは知的財産に依存している」

「すみません、もう少しわかりやすく説明していただけますか？」私はたずねた。

「つまり、いまや企業の競争力は、人々の持つスキルや知識に依存しているということだ」

「言い換えれば、彼らが持つノウハウが重要になってきたと？」

「そのとおり」マクブライド氏は言った。「そしていま、だれもが生活の質にこだわるなか、どの会社で働くかにとても慎重になってきている。だから、企業の競争力を維持するには、優秀な人材を逃さないことが大事なんだ」

「なるほど、わかったように思います。ジェネラル・テクノロジー社――人々こそ私たちの偉大な資産」と私はＧＴ社の理念を唱えた。

それを聞いて、マクブライド氏はほほえんだ。

「インタビューの相手に君を選んだのは、どうやら間違っていなかったようだな」

「ありがとうございます」私は、椅子の上で背筋を少し伸ばしながら言った。「お褒《ほ》めの言葉、大変うれしく思います。でも、一ついまだに理解できないことがあるのですが」

「何だね？」マクブライド氏はたずねた。

「はい、あなたはニューマン教授がだいぶ進んでいたと言われましたが……」

「そうだ、そのとおりだ」

「でも、彼はあなたに、羊飼いは何千年ものあいだ群れを導きつづけてきたと……」

「ああ、君が混乱している点がわかったよ」マクブライド氏は言った。「君が知りたいのは、どうして羊飼いの知恵のような古代の知恵が、こんにちにも通用するかということだね？」

「はい。そして、なぜもっとあなたのような羊飼い、つまりリーダーがいないのでしょうか？」

「羊飼いの知恵が、何千年経ったいまでも十分通用するのは、人々の基本的なニーズがそれほど変わっていないからだ」彼は説明した。「そして、二つ目の質問の答は、ジャックが教えてくれた。つまり、優れたリーダーシップは、ほとんどの人が払いたがらない代償の上にはじめて実現するものだからだ」

「ところで、ニューマン教授のその後は？」

「彼は数年前、この世を去ったよ。彼は遠くに行ってしまった。だが私の記憶から消えることはない」

そう言いながら、マクブライド氏は窓際からデスクの反対側の壁のほうへと歩いた。私がそちらに目をやると、彼は壁に飾られた二本の杖《つえ》のすぐそばにたたずんでいた。一本は長く、もう一本は短かった。マクブライド氏は長い杖を手に取り、大きく湾曲した端のほうに手をすべらせた。

「彼は遺言で、私にこの二本を残してくれた」とマクブライド氏は言った。「彼のことをいつも思い出すよ。ペンタック君、この部屋を見ればわかるように、私はこれまで、身に余るほどたくさんの栄誉や賞を受けてきた。だが、この二本の杖以上に、私にとって意味のあるものはない。ジャック・ニューマンは私に成功の道筋をつけてくれた。私の成功は、私に人を導く偉大な知恵を与えてくれた彼のおかげだ。彼は、人々に忠誠心ややる気を呼び起こす方法や、ただ押しつけるのではなく、自らついていきたいと思わせるようなリーダーシップの取り方を教えてくれたんだ。彼のことを考えずに過ごす日はないよ」

彼はゆっくりと自分のデスクにもどり、そしてつづけた。

「きっとジャックは、今日ここで私たちがやったことを誇りに思っているよ。少なくとも、私に注いだ投資分は回収できたと感じてくれているはずだ」

「そのリターンを増やすには、ほかにどんなことをなさるおつもりですか?」

「そうだな。この知恵を広めることを考えている」彼は椅子を引きながらそう答えた。「彼から教わったことを、多くの若者たちに伝えていきたい」

「それで、インタビューに応じていただけたのですね」

「そうだ、私の考えていることがわかったようだね」

マクブライド氏は、穏やかな笑みを浮かべた。

「それと、君を今日呼んだのには、もう一つ理由がある。じつは明日、私はこの会社を去る。そのプレスリリースは明日発表になるのだが……。つまり、今日が私にとって、GT社での最後の日なんだよ」

「えっ、本当ですか?」

私は予想外の言葉に驚き、慌《あわ》ててノートの新しいページをめくった。

「すると、だれがあなたの後継者として就任するのでしょうか……」私はおそるおそるたずねた。

「まだ決めていないが、少なくとも、その人物はただの雇われ人ではないことは確かだ。最高の羊飼いに、私の群れをまかせようと思っている」

「あなたが去った後、会社が間違った方向に進むという心配は?」

「まったくない。すでに言ったように、わが社には最高のスタッフが集まっている。私は四十五年かけて、社員に私の考え方を伝えてきた。彼らがそのレベルを下げることはない。彼らのなかにはGTイズムが流れているんだ」

「つまり、『羊飼いの知恵』ですね」

マクブライド氏はほほえんだ。

「そう、羊飼いの知恵だ」

ちょうどそのとき、秘書のクリスティーナの声がデスク上のインターフォンから流れた。

「マクブライドさん、つぎの電話会議は十分後です」

「ありがとう、クリス」彼は私を振り返ると、デスクごしに力強く手を差し伸べた。「今日は来てくれて、ありがとう。君の書く記事を楽しみにしているよ」

「ありがとうございます」私は握手をしながら言った。「このような機会を与えていただき、本当に感謝しています。ベストを尽くします」

「いいものができると期待しているよ」

私が椅子から立ち上がると、クリスティーナはすでに私をエレベーターへと案内すべく、ドアの戸口に立っていた。私たちがマクブライド氏のオフィスを出るとすぐ、クリスティーナの電話が鳴った。彼女が急いで電話に駆け寄っていくあいだにふと振り返ると、閉まりかけたドアの隙間から、偉大なるセオドア・マクブライド氏の姿が少し見えた。

　ペンタックが去った後、偉大なるリーダー、セオドア・マクブライドは黒革の深い椅子に腰を下ろし、これまでの四十五年を振り返りながら、部屋の壁にかけられた二本の杖に目をやった。

「ジャック、ありがとう」彼は小声でつぶやいた。「いまの私があるのは、あなたのおかげです」

　しばらく彼は、椅子にかけたまま、これまでの四十五年に思いを馳せていた。そしておもむろにデスクの左下の引き出しに手を伸ばし、奥からボロボロになったノートを取り出すと、それをそっと机の上に置いた。それはあのとき、ニューマン教授の前でひらいたノートだった。そのすりきれた表紙の最初のページをひらくと、そこには色あせたインクでこう走り書きされた言葉があった。

「羊飼いの知恵」

訳者あとがき

どんなに優秀で学業ができても、大学やビジネススクールでは教えてくれないことがある。それが「人の扱い方」だ。

本書は、いまや押しも押されもせぬ著名な大企業の経営者となったテッドが、かつての大学の恩師、ニューマン教授から教わった、いっぷう変わったリーダーシップのレッスンを、今度は彼にインタビューを申しこんだ駆け出しの新聞記者、ペンタックに伝えるという設定である。

話は五十年前にさかのぼる……。

ビジネススクールも卒業が迫り、念願のGT社への内定が決まったテッドだったが、内心喜んでばかりもいられなかった。なぜなら、いきなり財務部門のマネジャーとして、九人の部下をまかされることになったからだ。財務の知識については自信があったものの、肝心の人の扱い方についてはまったくの素人だったテッドは、わらにもすがる思いでニューマン教授をたずねる。

すると教授は、土曜の朝、時間をつくる気があるなら、それを教えようと言う。テッドは貴重な睡眠時間を削って、これに賭ける決心をする。そして当日。教授と落ち合い、二人が向かった先は、教室ではなく、なんと彼の所有する牧場だった。おまけにこれから羊の面倒を見るという。

てっきり教室で特別な講義をしてくれると思っていたテッドは、はじめは失望する。だが、だんだんとニューマン教授の語る『羊飼いの知恵』を聞くうち、そのなかに、人を活かして組織をまとめるヒントがたくさん詰まっていることに気づきはじめる。

『羊飼いの知恵』といわれても、あまり日本人にはピンとこないかもしれないが、歴史を紐解《ひもと》けば、羊の飼育は八千年も前からされていたという。つまり、数千年のときを経てつちかわれてきた知恵なのだ。そして、その知恵が、驚くほど人の扱い方にもあてはまる。たしかに、数十、いや数百匹もの羊を導く羊飼いの姿は、こんにち、組織を率いるリーダーとだぶるところがある。

私は、動物とのコミュニケーションにこそリーダーシップの真髄があると信じている。たとえば5章に、「自由を与えながらも、境界線は明確に示す」というレッスンがある。私は最近、犬を飼いはじめた（ミニチュアダックス、三カ月）のだが、散歩のときは、飼い主が無理やりリード（引き綱）を引っ張っても、犬は動かない。だから進む方向を示し、ある程度は自由にさせておくのだが、先走ったり横にそれそうになったら、ピッとリードを引いてNOの合図を送る。こうしてはじめて犬にたいしてリーダーシップが取れるのだ。人のリーダーシップも、こうであってほしい。

だが残念なことに職場では、つねに「ちがう！　こっちこっち！」と部下の首につけたリードを引きっぱなしか、あるいはリードを引くことすらしない（まかせっぱなしにしている）リーダーが案外多いのでは？（ドキッとされている方、いらっしゃいますか）

そのあたりの「手綱《たづな》さばき」を『羊飼いの知恵』から読み取っていただきたい。

あなたには、いま、一人でも部下がいるだろうか。

もしそうなら、ちょっとここで自分を振り返ってみてほしい。

・一人ひとりの状態を把握《はあく》しているか？
・各個人の個性を引き出しているか？
・自分のビジョンがうまく伝わっているか？
・彼らが安心して働ける環境をつくっているか？
・自ら先頭に立ってチームを導いているか？
・ときには毅然とした態度を取っているか？

そして最後に、

・人として愛情を持って、彼らに接しているだろうか？

もしひとつでも自信がなかったら、この本をひらいて挿絵だけでも見てほしい。きっとそこから何かのヒントが見つかるはずだ。

本書は、偶然の出会いからご縁をいただいた草思社編集部の三浦岳さんのお力なくしては、こうして形になることはなかった。あらためて御礼申し上げたい。また、7章で出てくる羊を呼び寄せる声については、全国数カ所の羊牧場で飼育をしている本当の「羊飼い」の方々に問い合わせた。なかには実際に電話口で〝実演〟してくださる方もいて、とても楽しい取材だった。ありがとうございました（ちなみに、羊の呼び寄せ方は牧場によってちがうそうです）。

ぜひこの本を読みながら、ご自分で一冊ノートを用意し、気づいたことを書き出してみてください。そして、いつも机の引き出しに入れておいてください。これが数年後、あなたがリーダーとして成功するためのバイブルになるはずです。そう、表紙には忘れずにこう書いて。

「羊飼いの知恵」

二〇〇五年八月

川村　透

頑固な羊の動かし方——１人でも部下を持ったら読む本

2005 © Soshisha

訳者との申し合わせにより検印廃止

2005年８月30日　第１刷発行
2021年５月13日　第８刷発行

著　者　ケヴィン・レーマン
　　　　ウィリアム・ペンタック
訳　者　川村　透
装丁者　渡邊民人
イラストレーション　浜野史子
発行者　藤田　博
発行所　株式会社 草思社
〒160-0022　東京都新宿区新宿1-10-1
電話　営業 03(4580)7676　編集 03(4580)7680
印　刷　株式会社三陽社
カバー　錦明印刷株式会社
製　本　加藤製本株式会社
ISBN978-4-7942-1437-9
Printed in Japan

草思社刊

マインドセット
「やればできる!」の研究
ドゥエック
今西康子訳
成功と失敗、勝ち負けは、マインドセットで決まる。二十年以上の膨大な調査から生まれた「成功心理学」の名著。スタンフォード大学発、世界的ベストセラー完全版!
本体 1700 円

ネガティブな感情が
成功を呼ぶ
カシュダン他
高橋由紀子訳
二〇%のネガティブ時間を有益に使える人ほど仕事でも学問でも成功する傾向にあるという。ポジティブ心理学の精鋭による、心の暗い面がもたらす効用に関するユニークな論考。
本体 1600 円

草思社文庫
東大教授が教える
知的に考える練習
柳川範之
「頭の良さ」とは習慣である。独学で東大教授への道を切り拓いた著者が、情報の収集・整理の仕方から豊かな発想の生み出し方まで、「思考」の全プロセスを伝授!
本体 700 円

草思社文庫
東大教授が教える独学勉強法
柳川範之
テーマ設定から資料収集、本の読み方、情報の整理・分析、成果のアウトプットまで。高校へ行かず通信制大学から東大教授になった体験に基づく、今本当に必要な学び方。
本体 650 円

定価は本体価格に消費税を加えた金額です。